PLANCHES
POUR LE SIXIÉME VOLUME
DU COURS
D'ARCHITECTURE,

COMMENCÉ

PAR feû J. F. BLONDEL,

ET continué par M. PATTE.

A PARIS,

Chez la Veuve DESAINT, Libraire,
rue du Foin-Saint-Jacques.

M. DCC. LXXVII.

Avec Approbation, & Privilége du Roi.

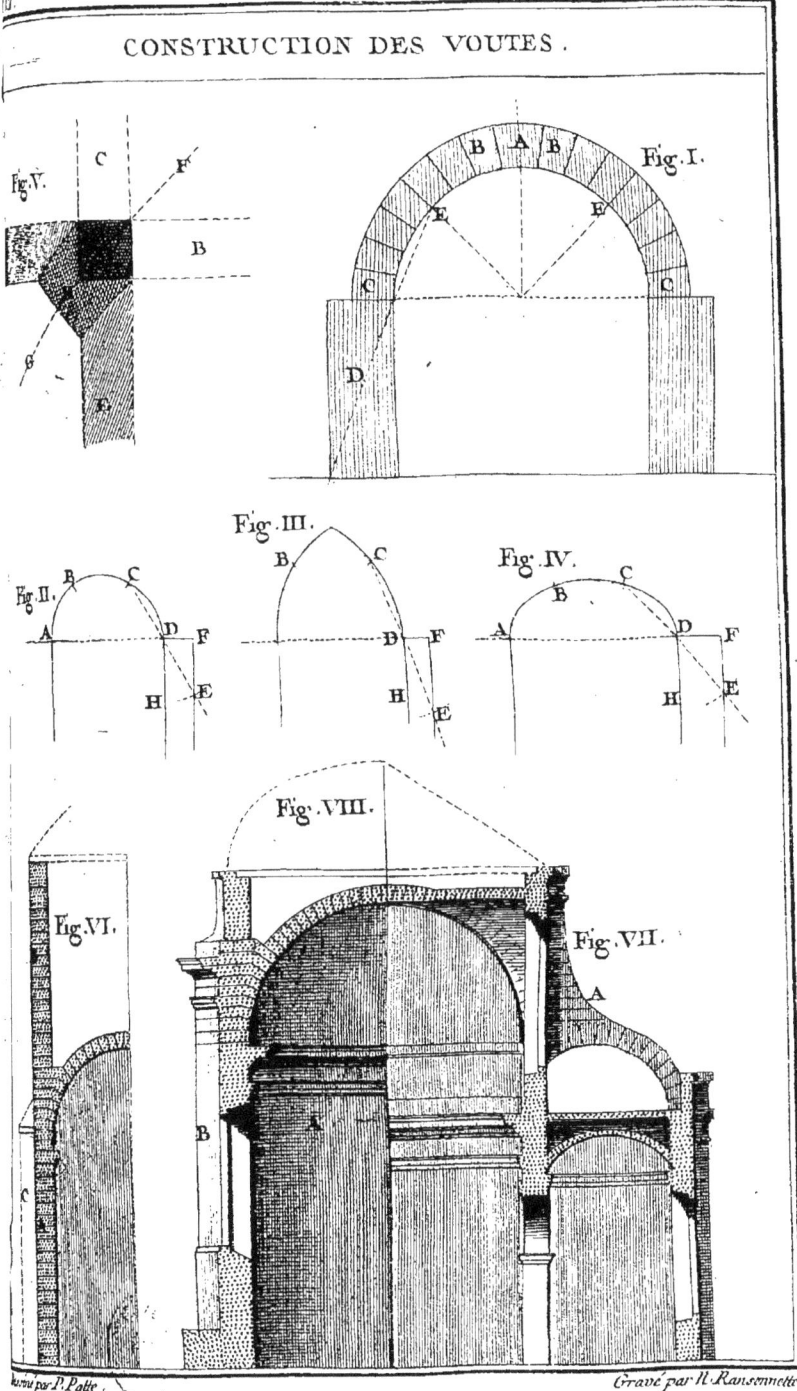

CONSTRUCTION DES VOUTES. *Pl. LXXXVII.*

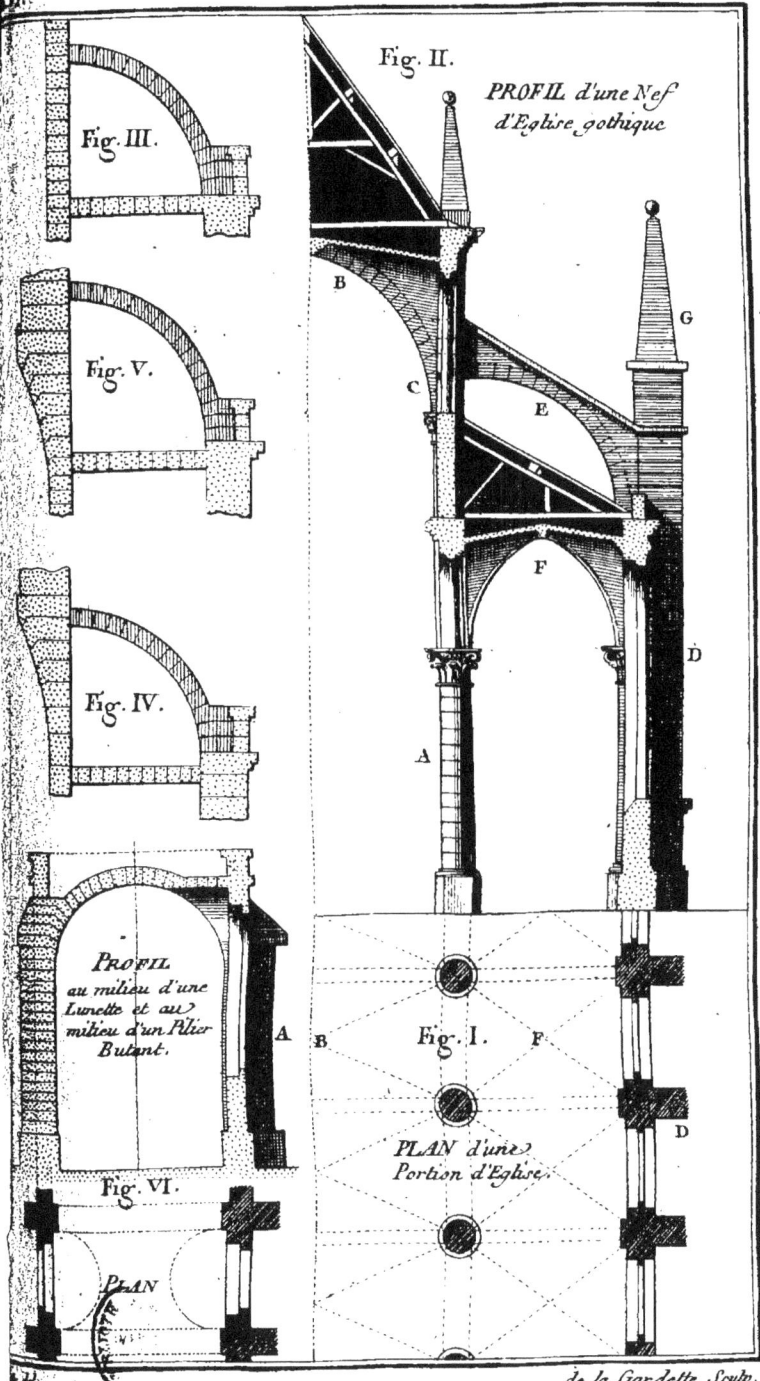

de la Gardette Sculp.

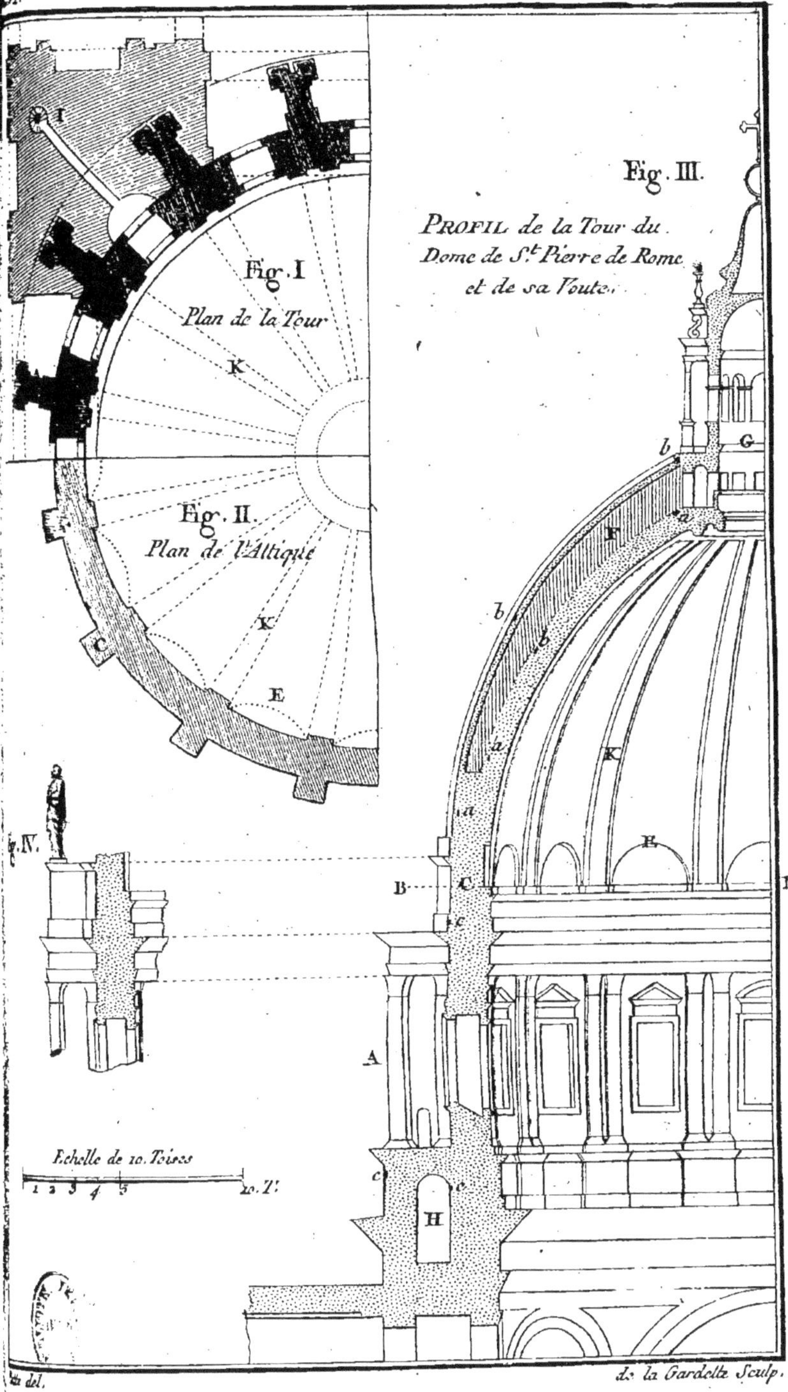

CONSTRUCTION DES VOUTES. *Pl. LXXXVIII.*

Fig. I.
Plan de la Tour.

Fig. II.
Plan de l'Attique.

Fig. III.
PROFIL de la Tour du Dome de St Pierre de Rome et de sa Voute.

Echelle de 10. Toises.

d. la Gardette Sculp.

Pl. LXXXIX.

CONSTRUCTION DES VOUTES.

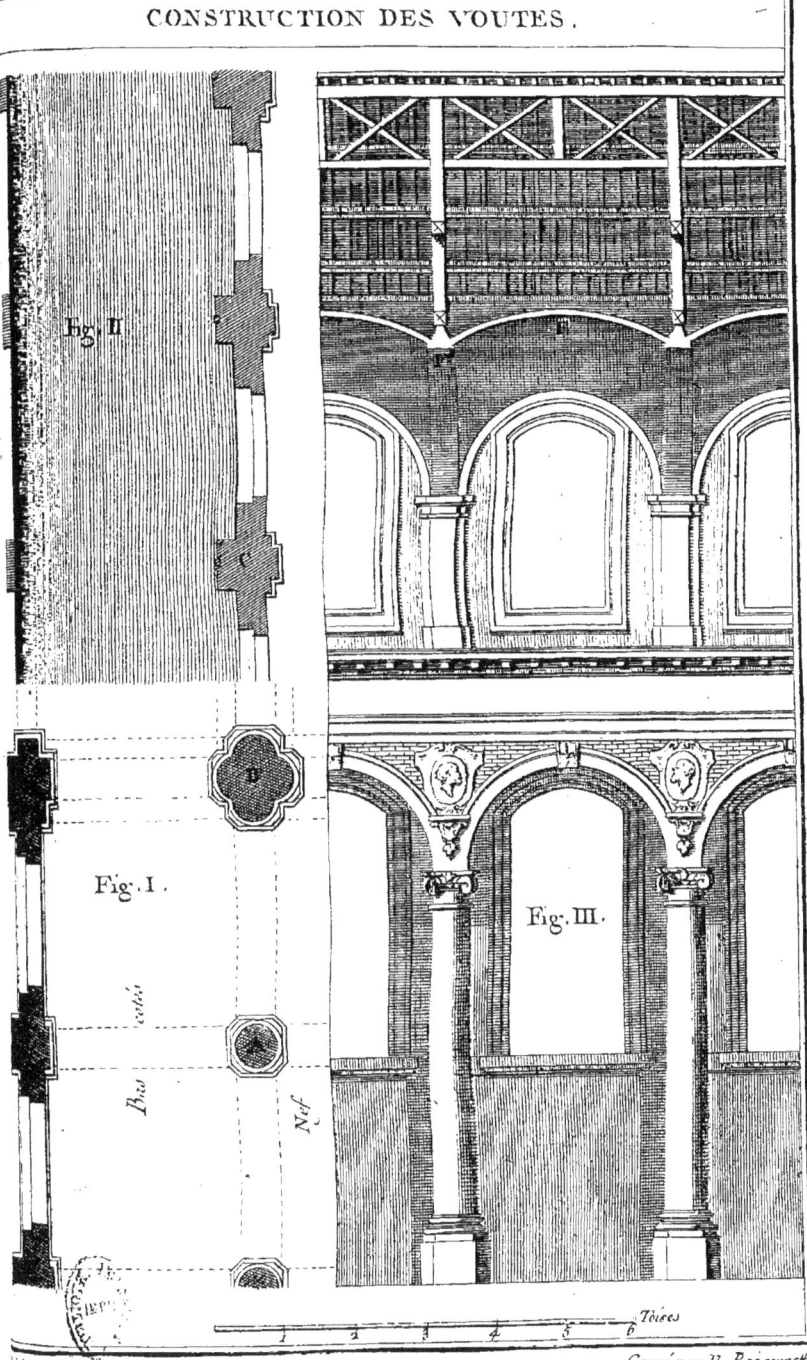

Par P. Patte.   Gravé par N. Ransonnette.

CONSTRUCTION DES VOUTES.

pl. LXXXX.

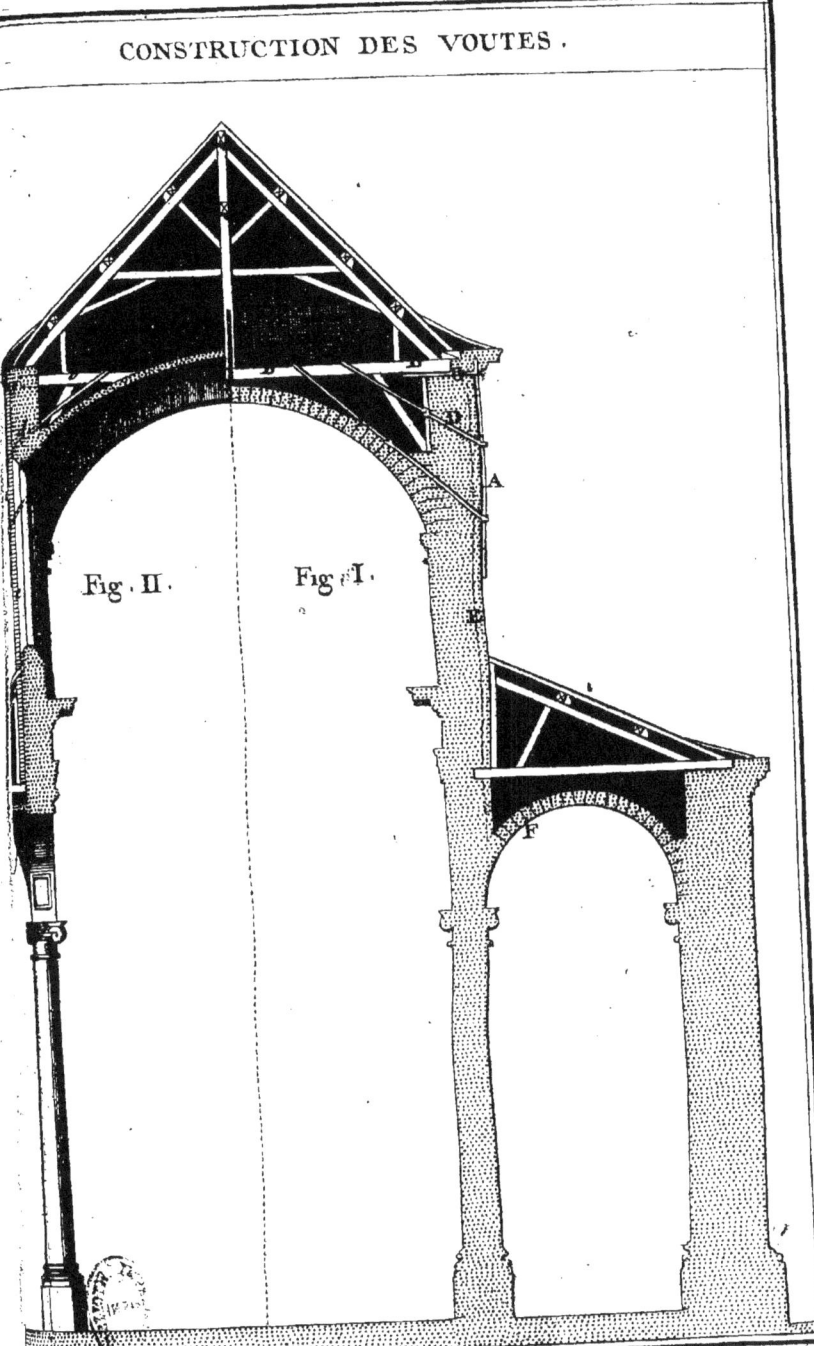

Fig. II. Fig. I.

Inventé par P. Patte. Gravé par N. Ransonnette.

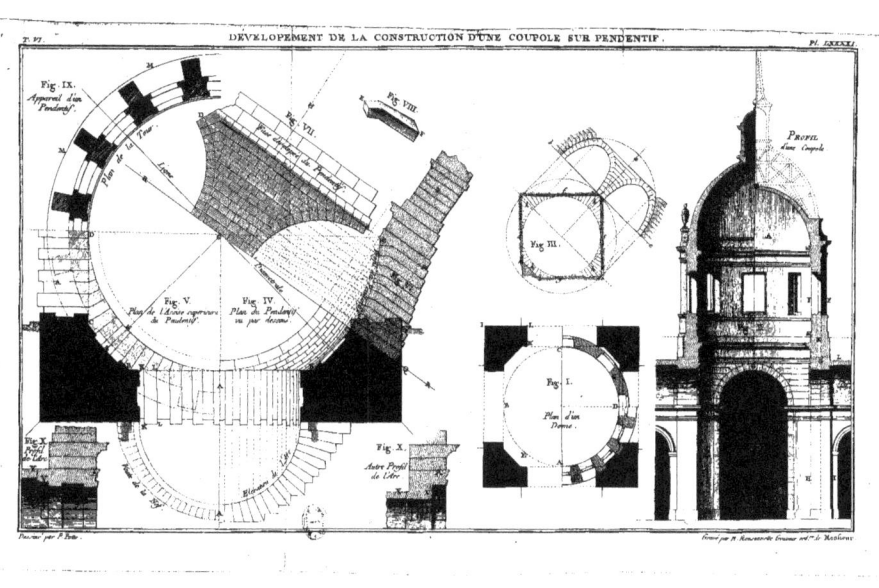

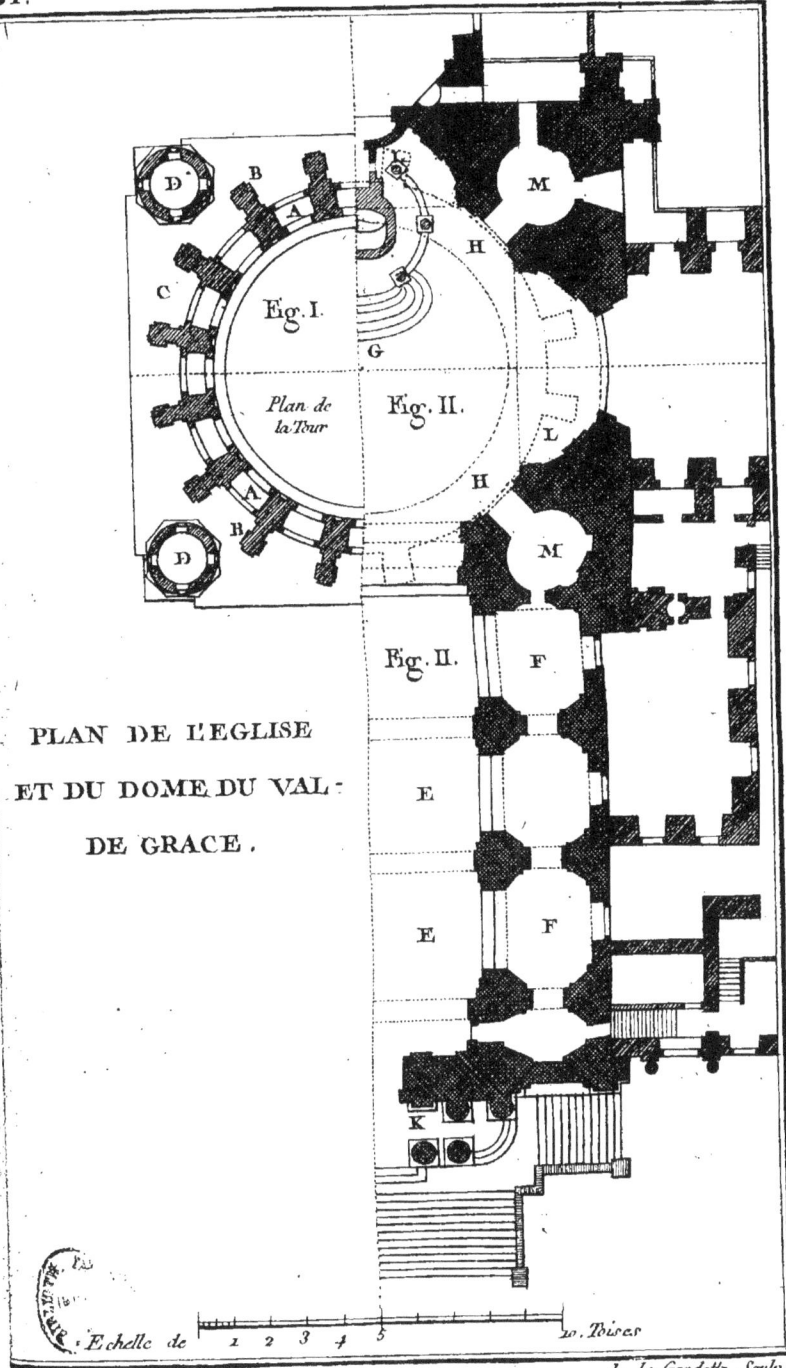

PLAN DE L'EGLISE ET DU DOME DU VAL-DE-GRACE.

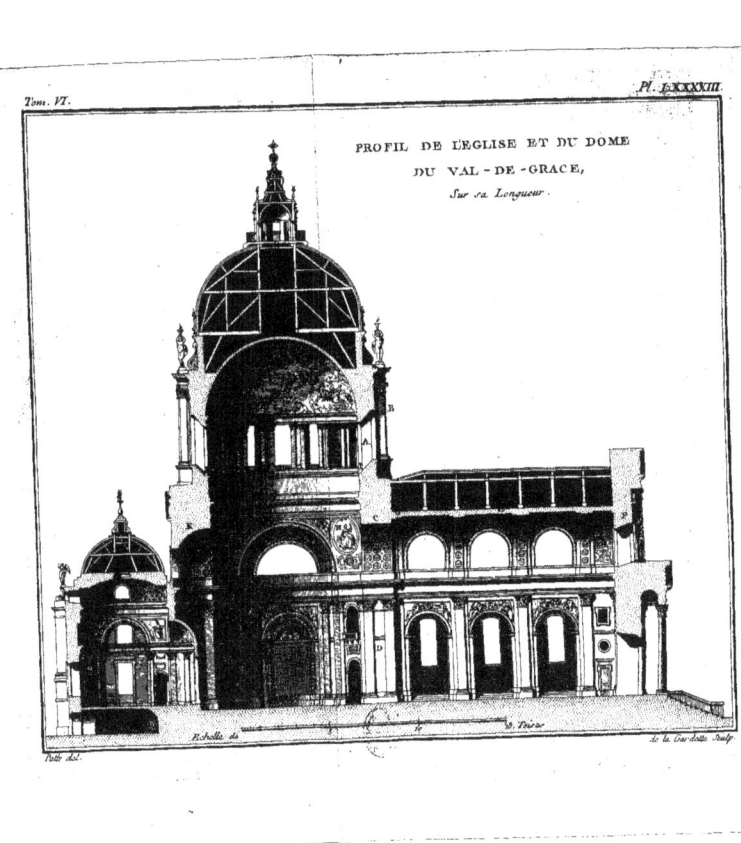

CONSTRUCTION DES VOUTES PLATES.

Fig. III.

Fig. II.

Fig. I.

Fig. VI.

Fig. V.

Fig. IV.

P. Patte. Gravé par N. Ransonnette.

CONSTRUCTION DES VOUTES PLATES.

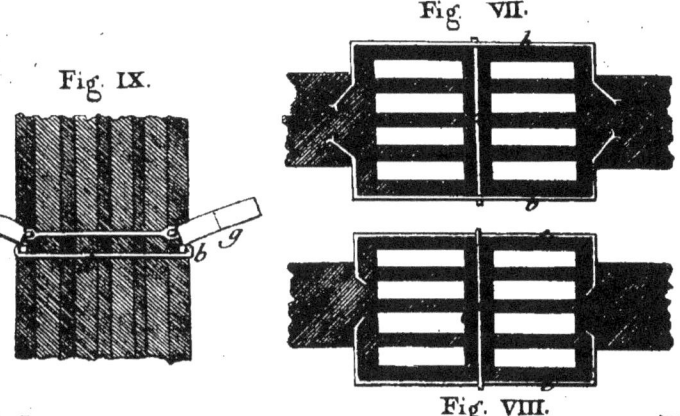

Fig. IX.   Fig. VII.

Fig. VIII.

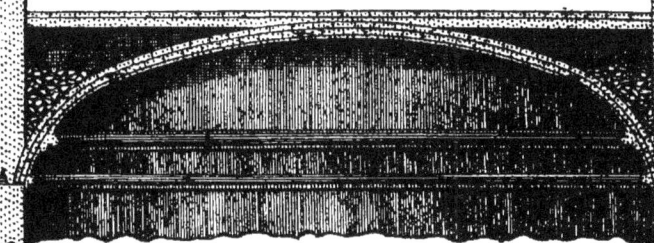

Fig. X.

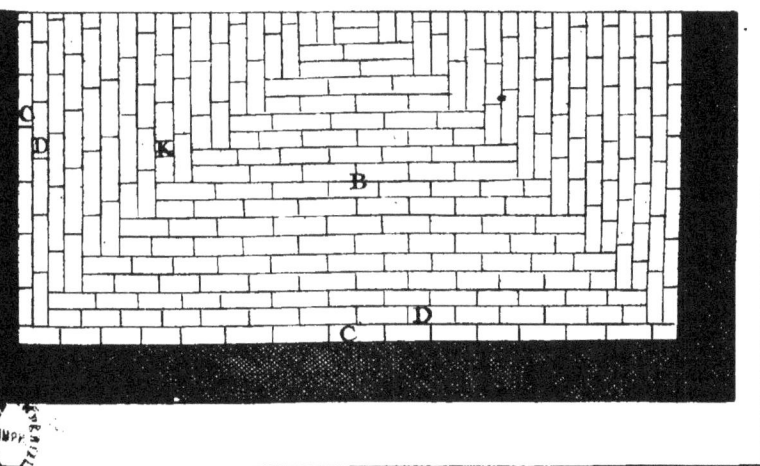

Par P. Patte.   *Gravé par N. Ransonnette.*

CONSTRUCTION DES VOÛTES PLATES.

Fig. XI.

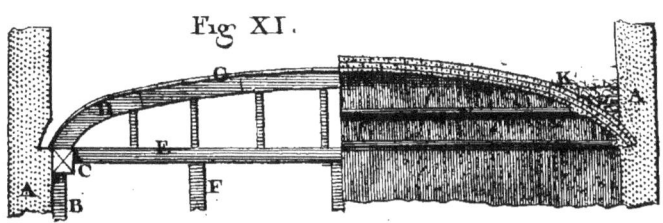

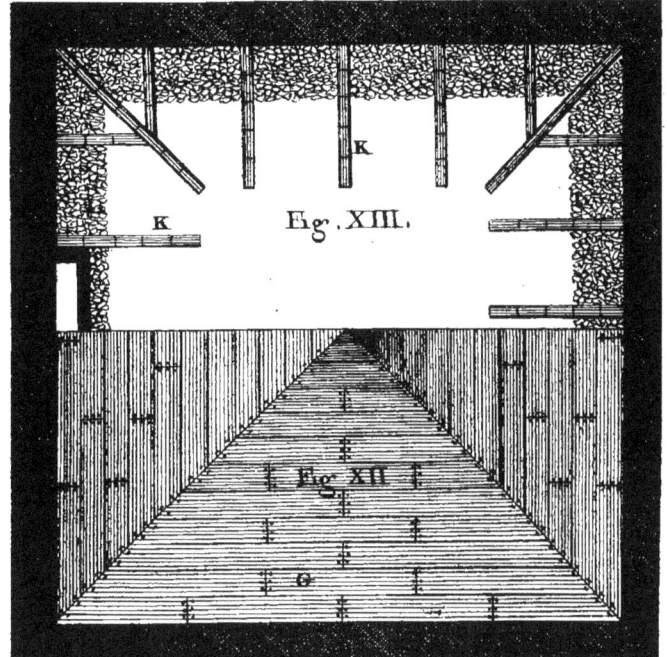

Fig. XIII.

Fig. XII.

Fig. XV.   Fig. XIV.

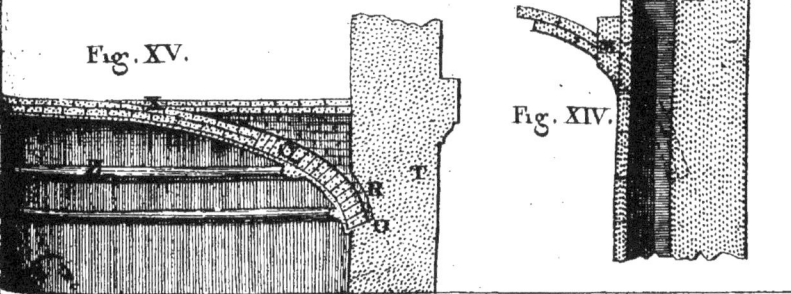

Dessiné par P. Patte.   Gravé par N. Ransonnette.

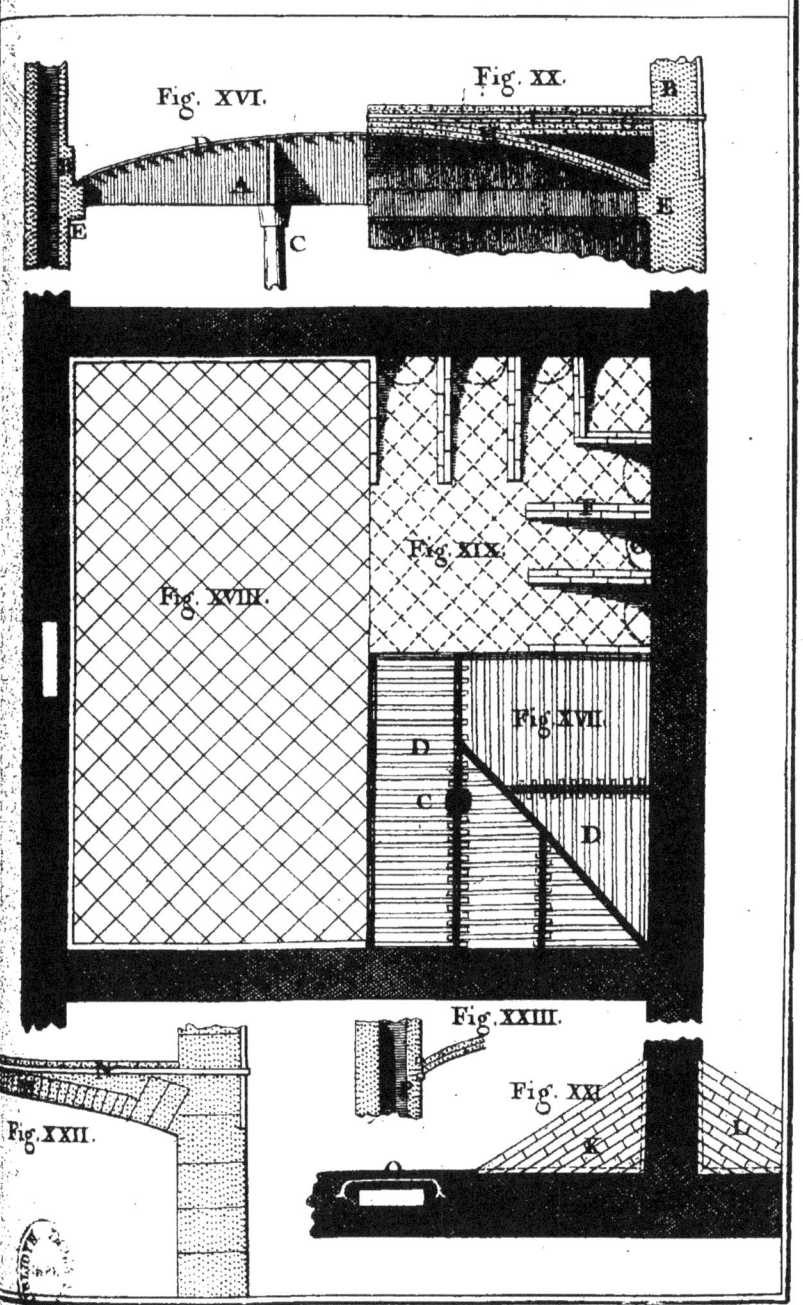

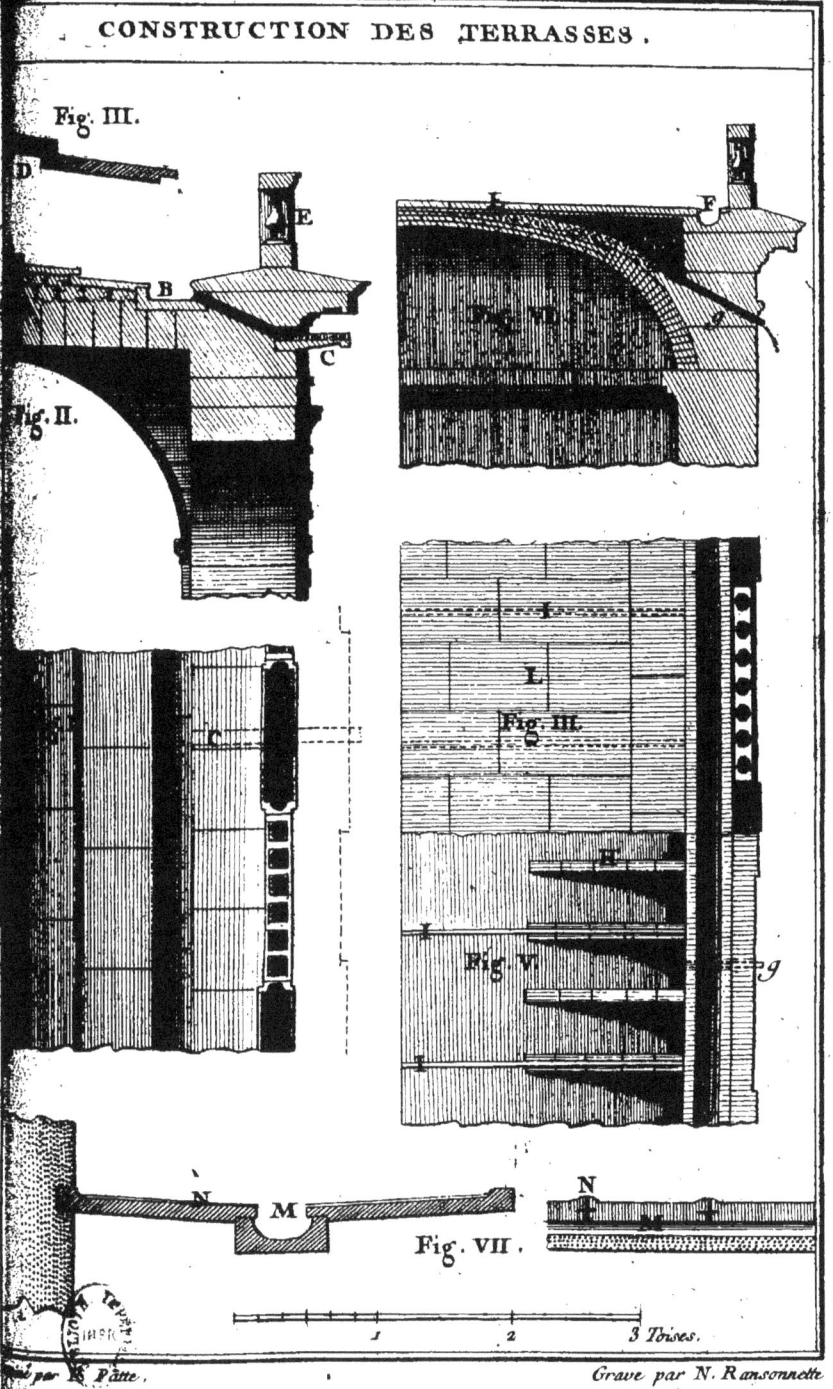

VI. Pl. LXXXXIX.

CONSTRUCTION DES TERRASSES.

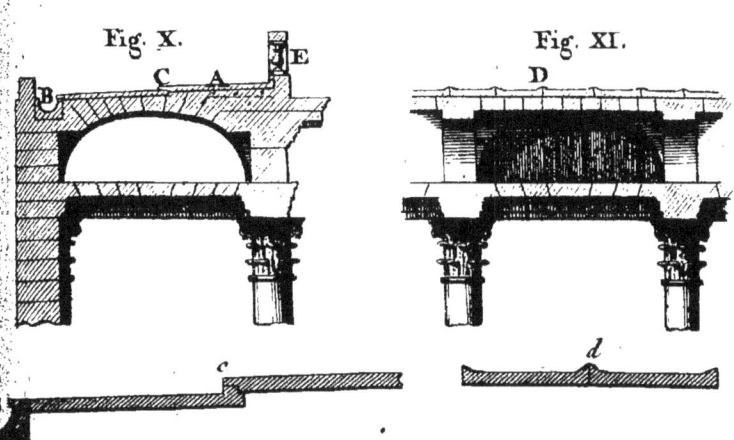

Fig. X. Fig. XI.

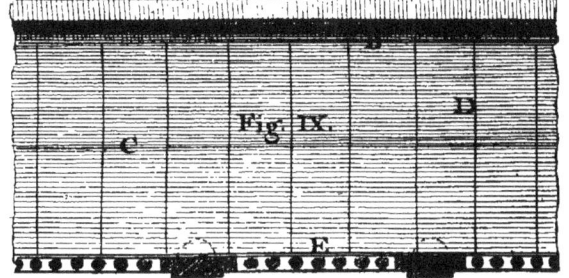

Fig. IX.

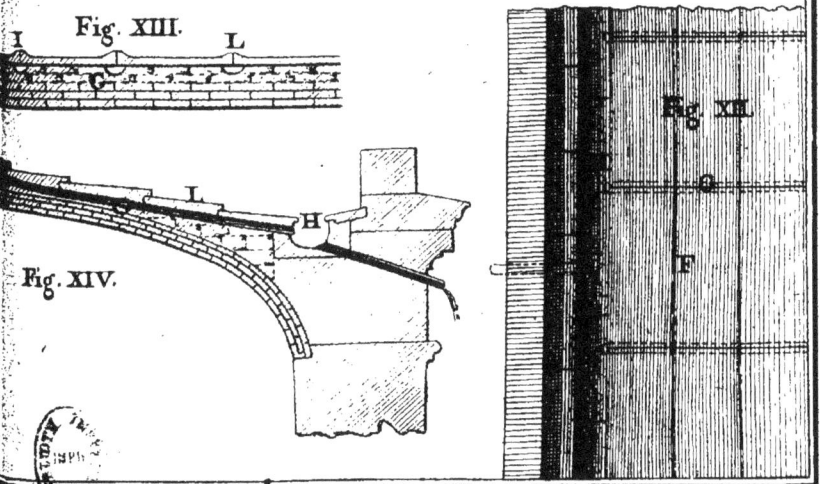

Fig. XIII. Fig. XII. Fig. XIV.

Dessiné par P. Patte. *Gravé par N. Ransonnette.*

CONSTRUCTION DES COMBLES.

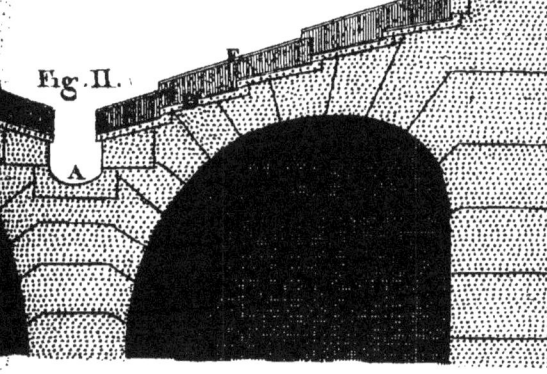
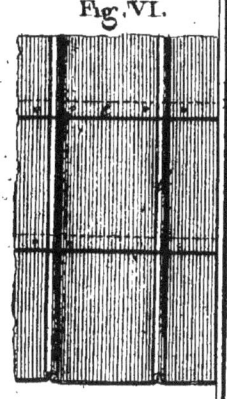
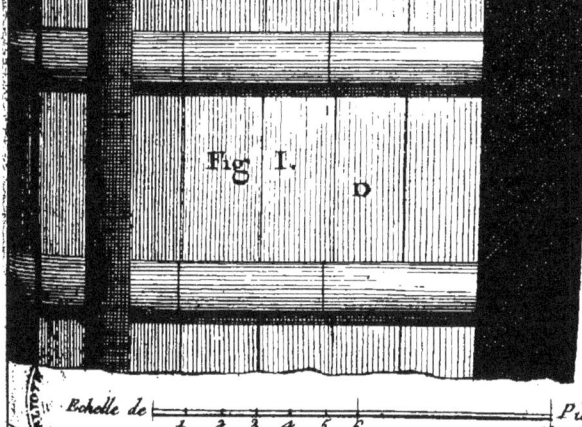

Pl. CI

CONSTRUCTION DES COMBLES.

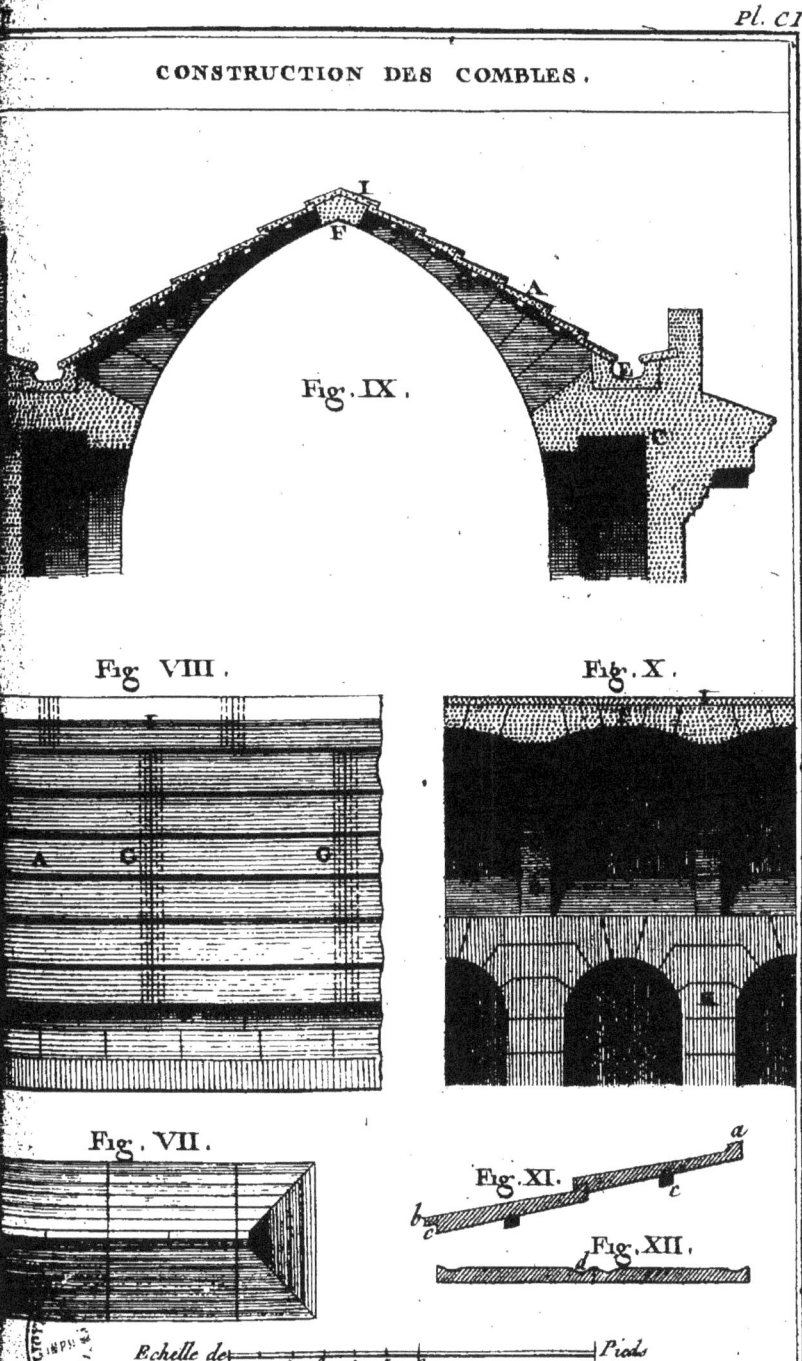

CONSTRUCTION DES COMBLES. Pl. CII.

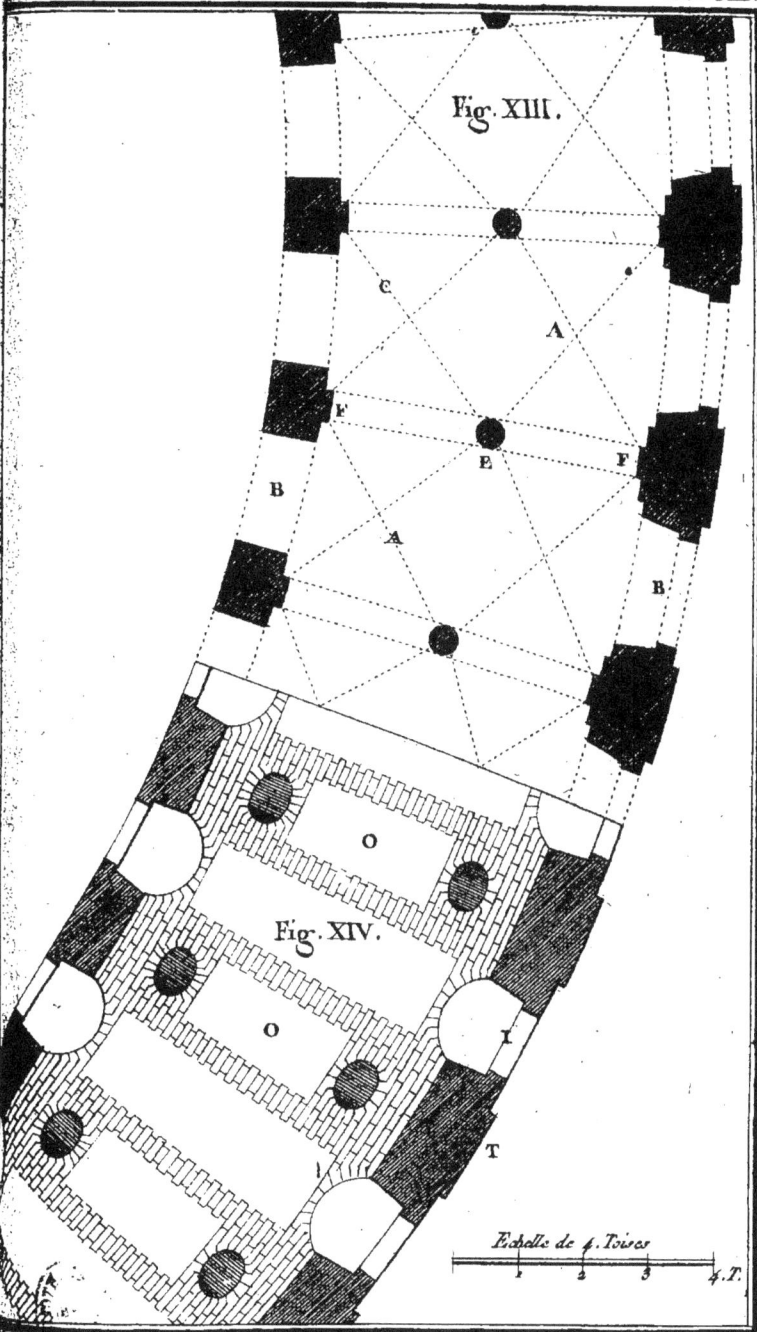

Fig. XIII.

Fig. XIV.

Echelle de 4 Toises.

de la Gardette Sculp.

CONSTRUCTION DES COMBLES

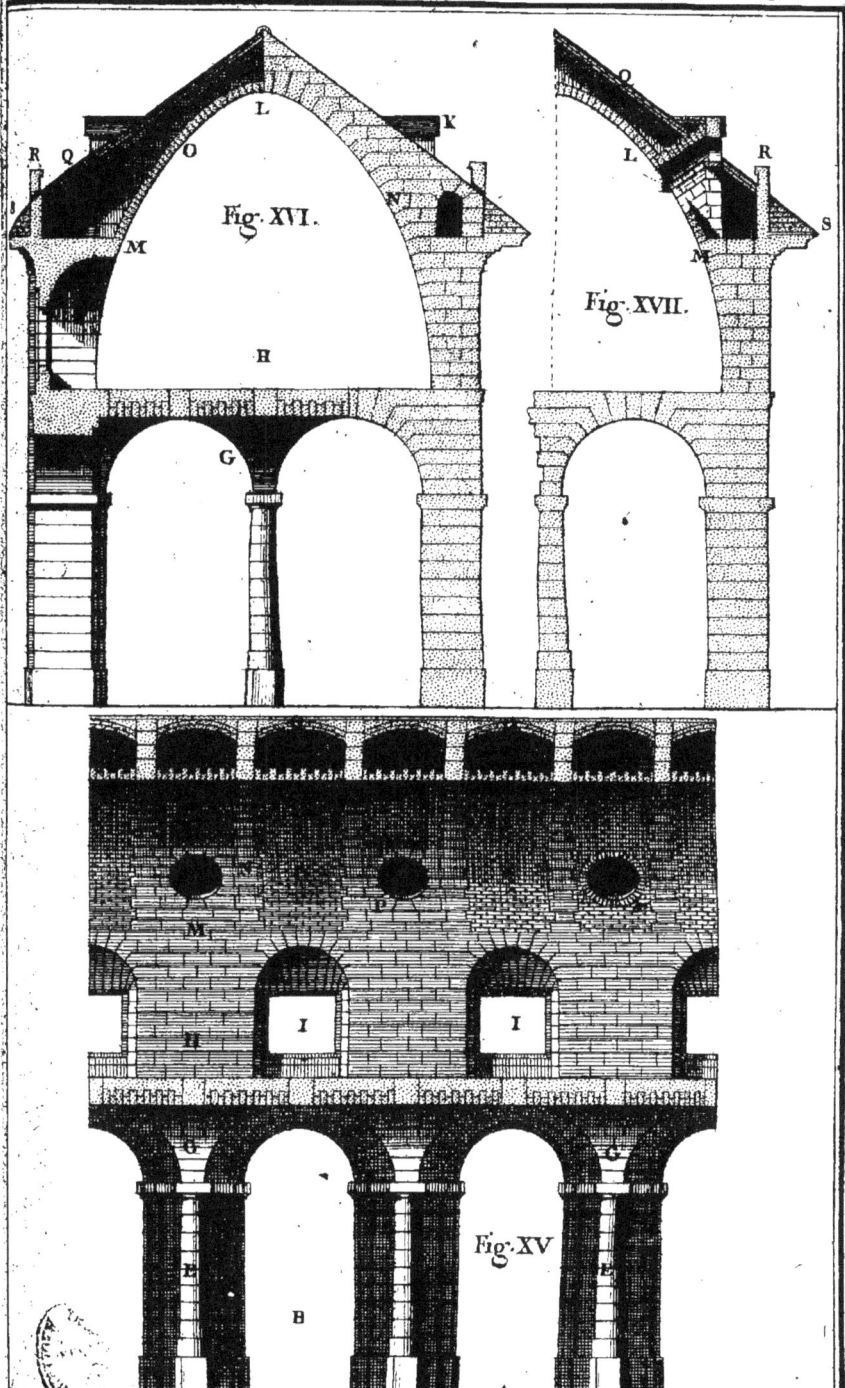

CONSTRUCTION DES COMBLES.

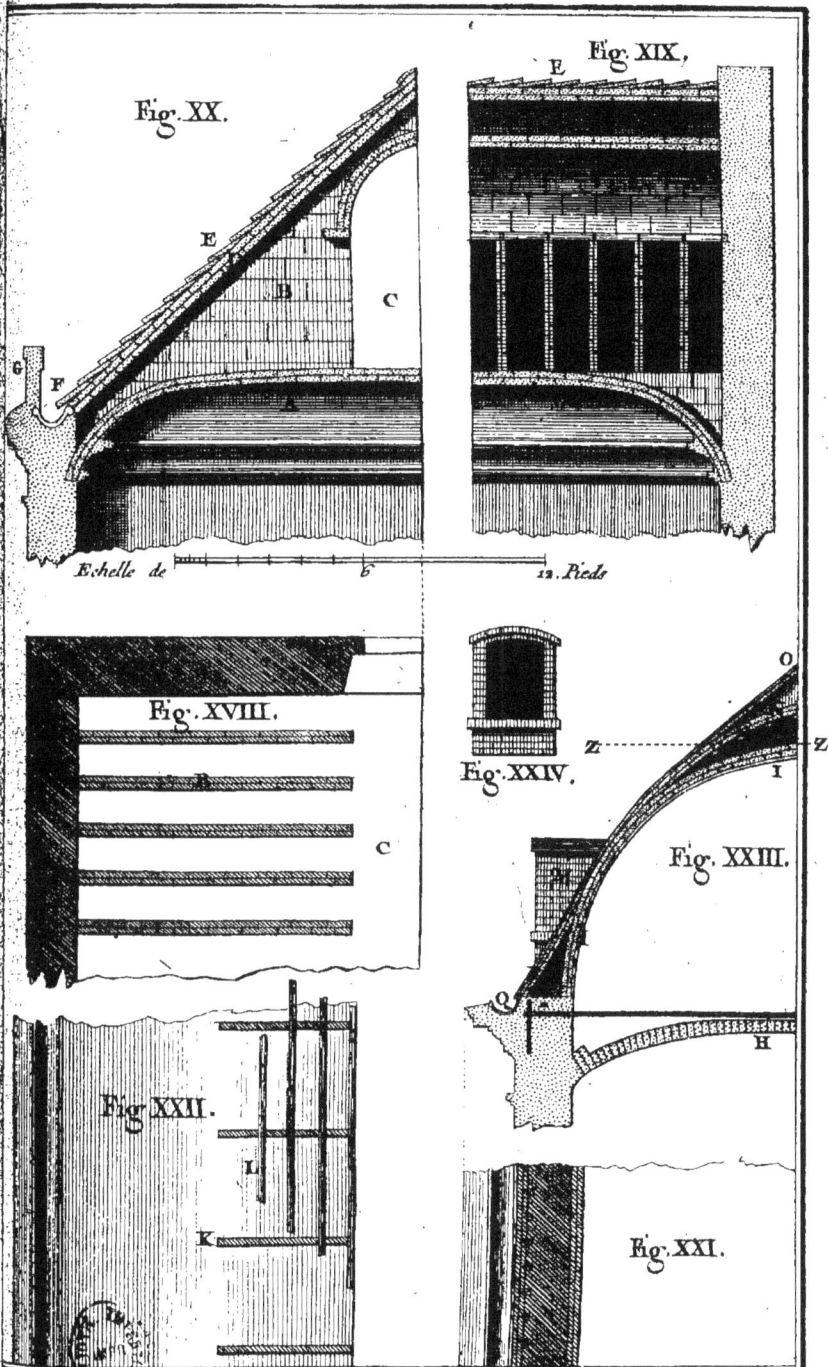

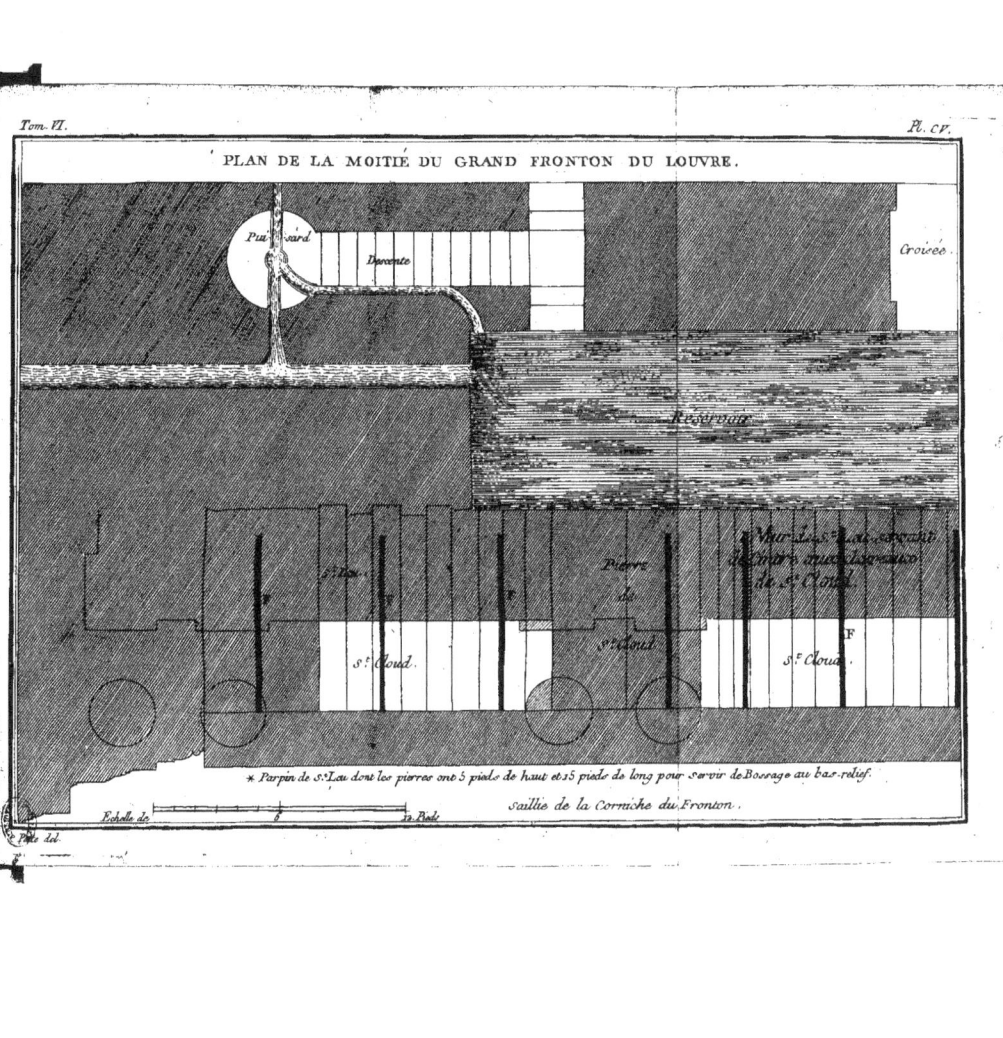

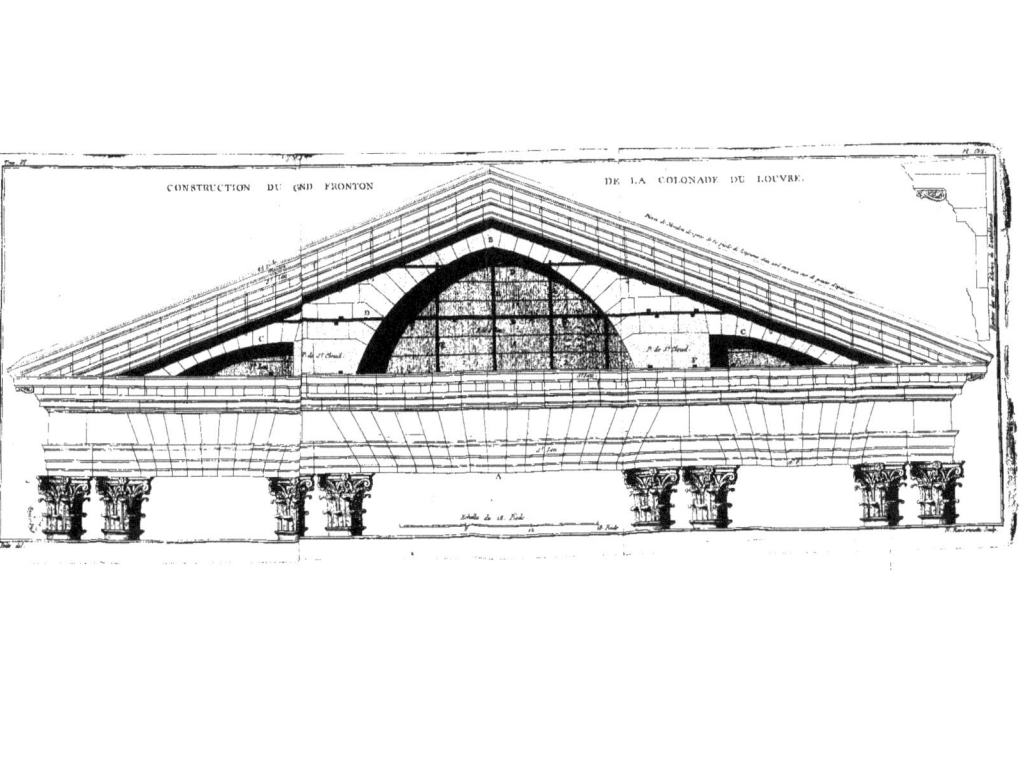

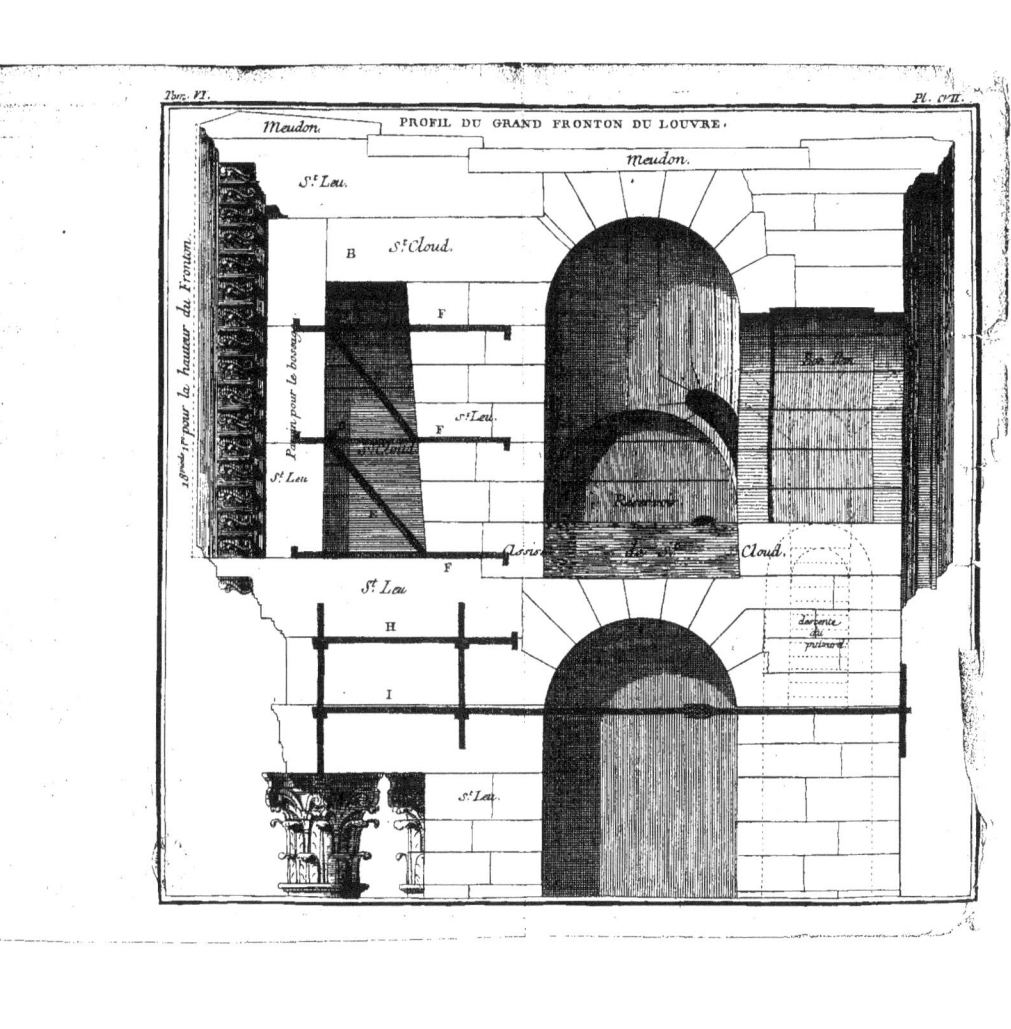

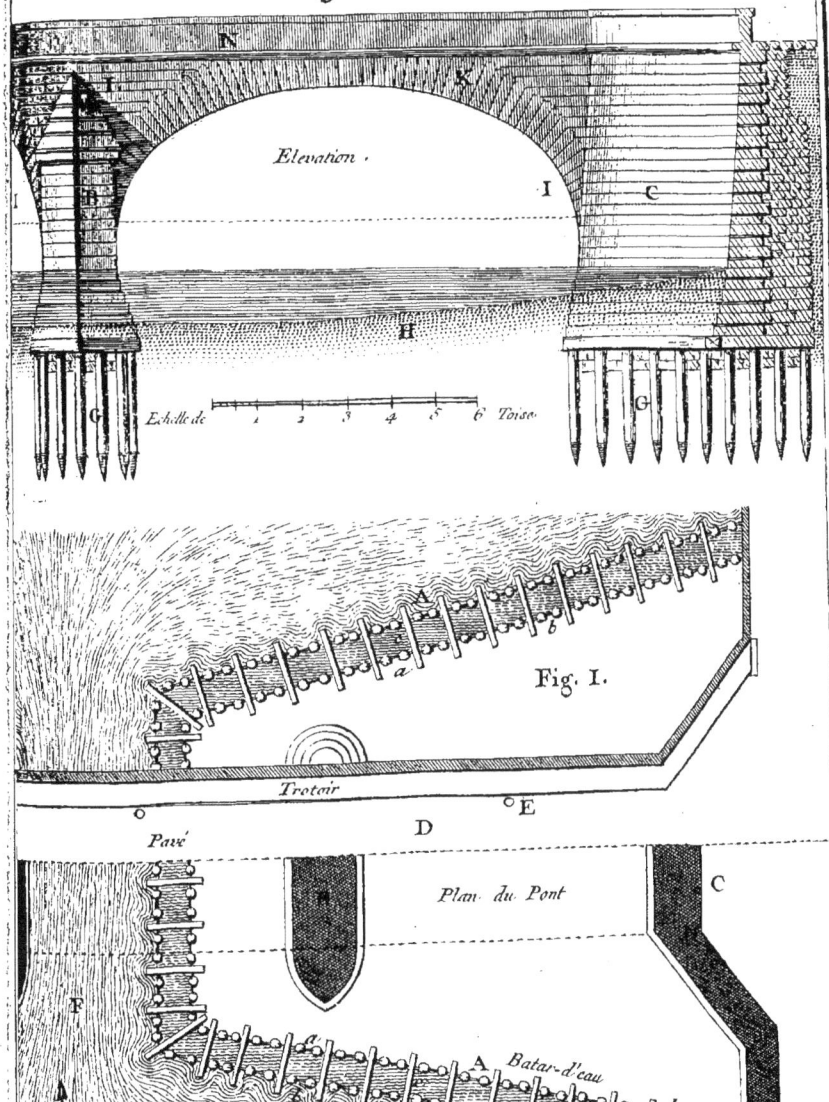

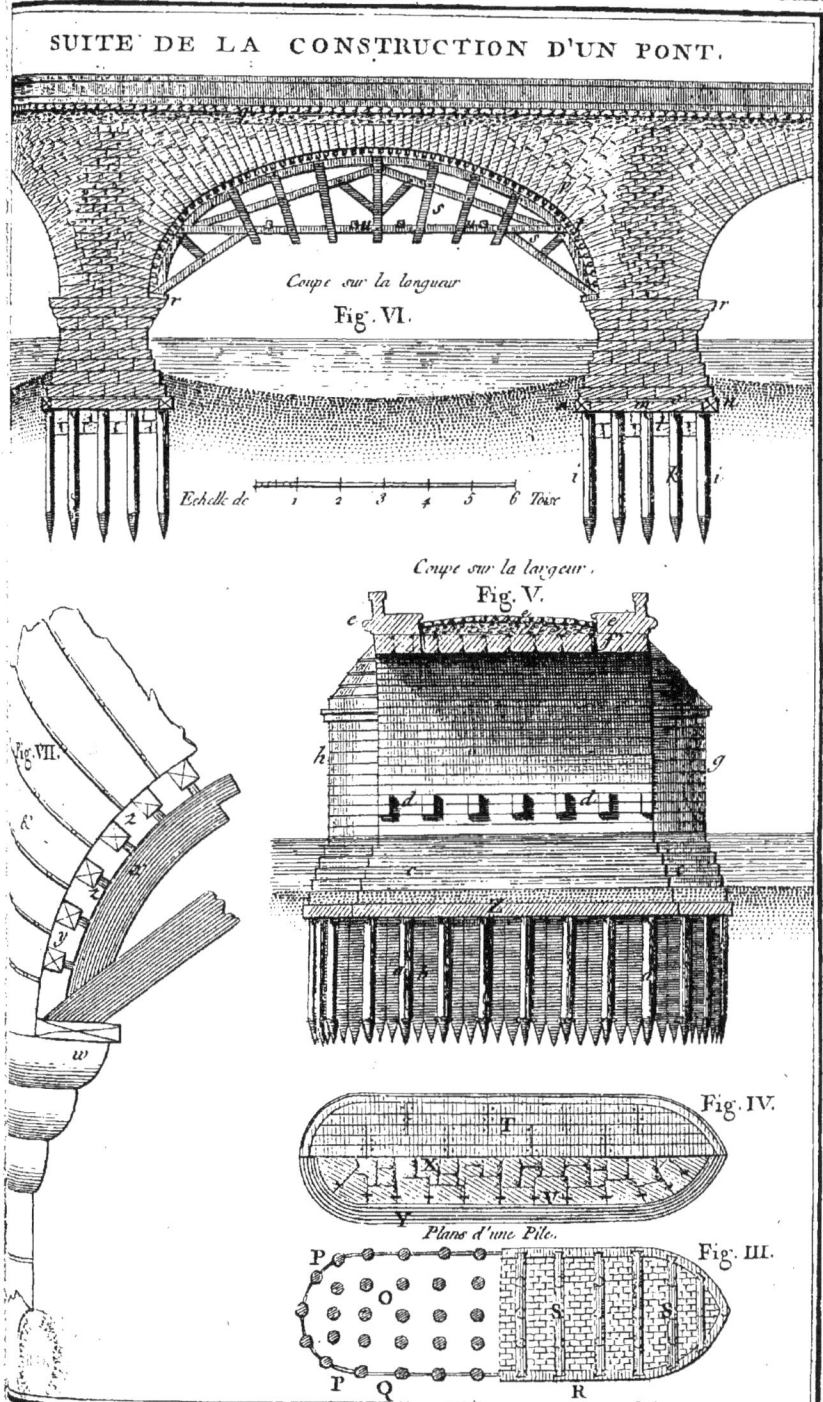

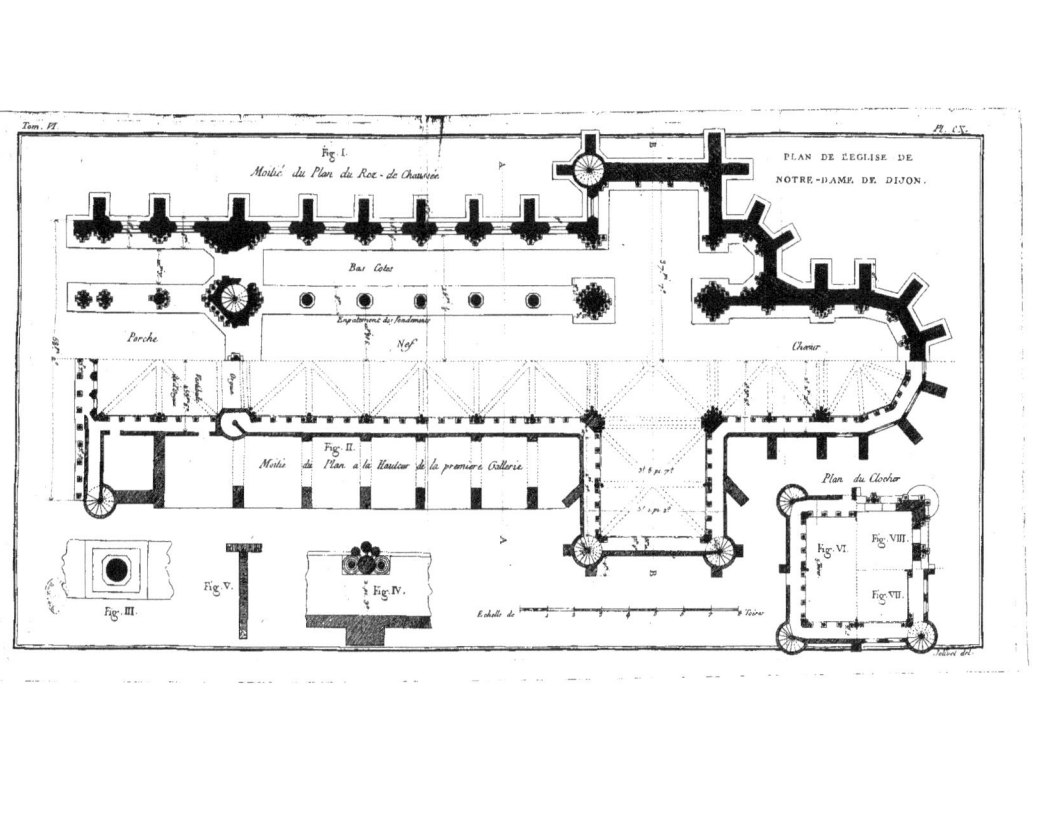

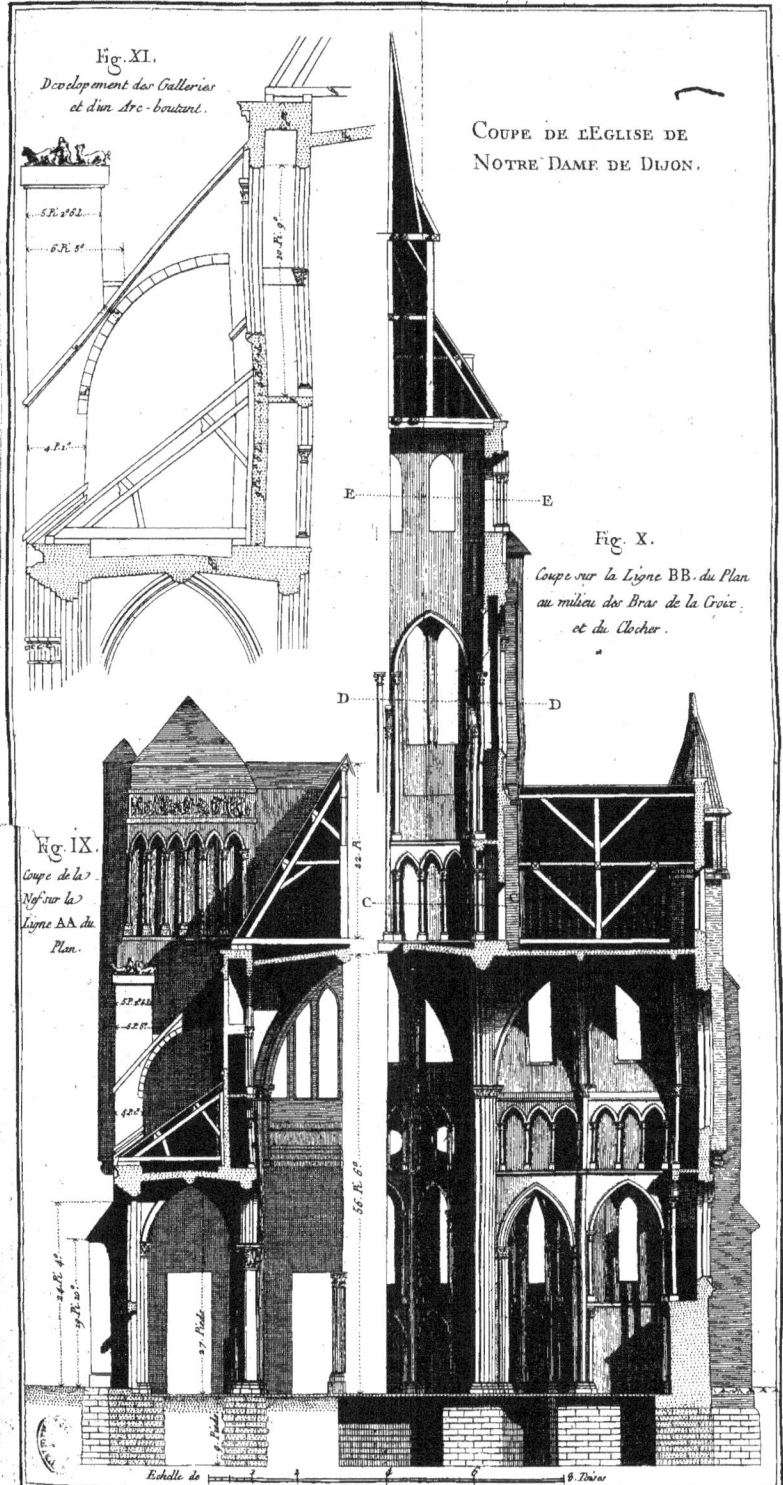

Tom. VI.   Pl. CXII.

ASSEMBLAGES DE CHARPENTE.

Fig. I.

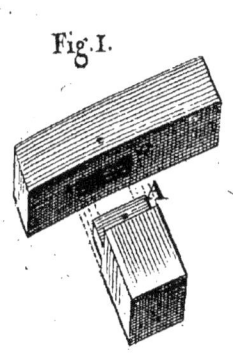

Fig. II.

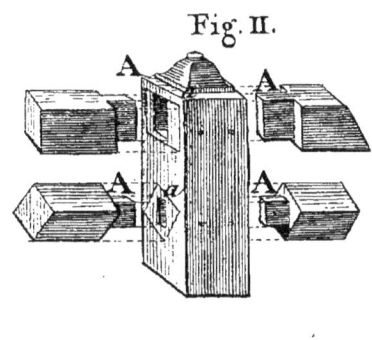

Fig. III.   Fig. IV.

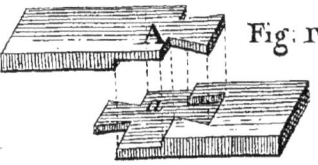

Fig. V.

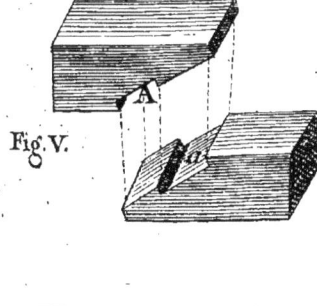

Fig. VI.

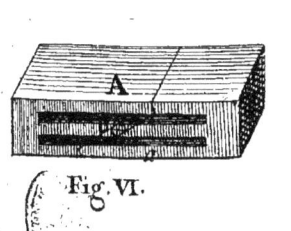

Fig. VII.

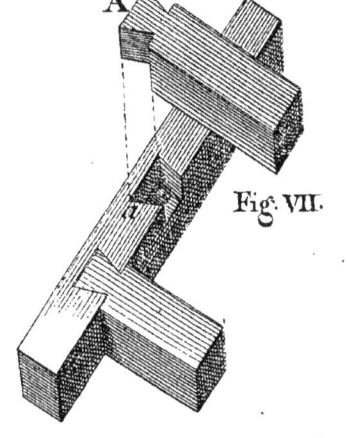

Patte del.   N. Ransonnette Sculp.

ASSEMBLAGES DE CHARPENTE.

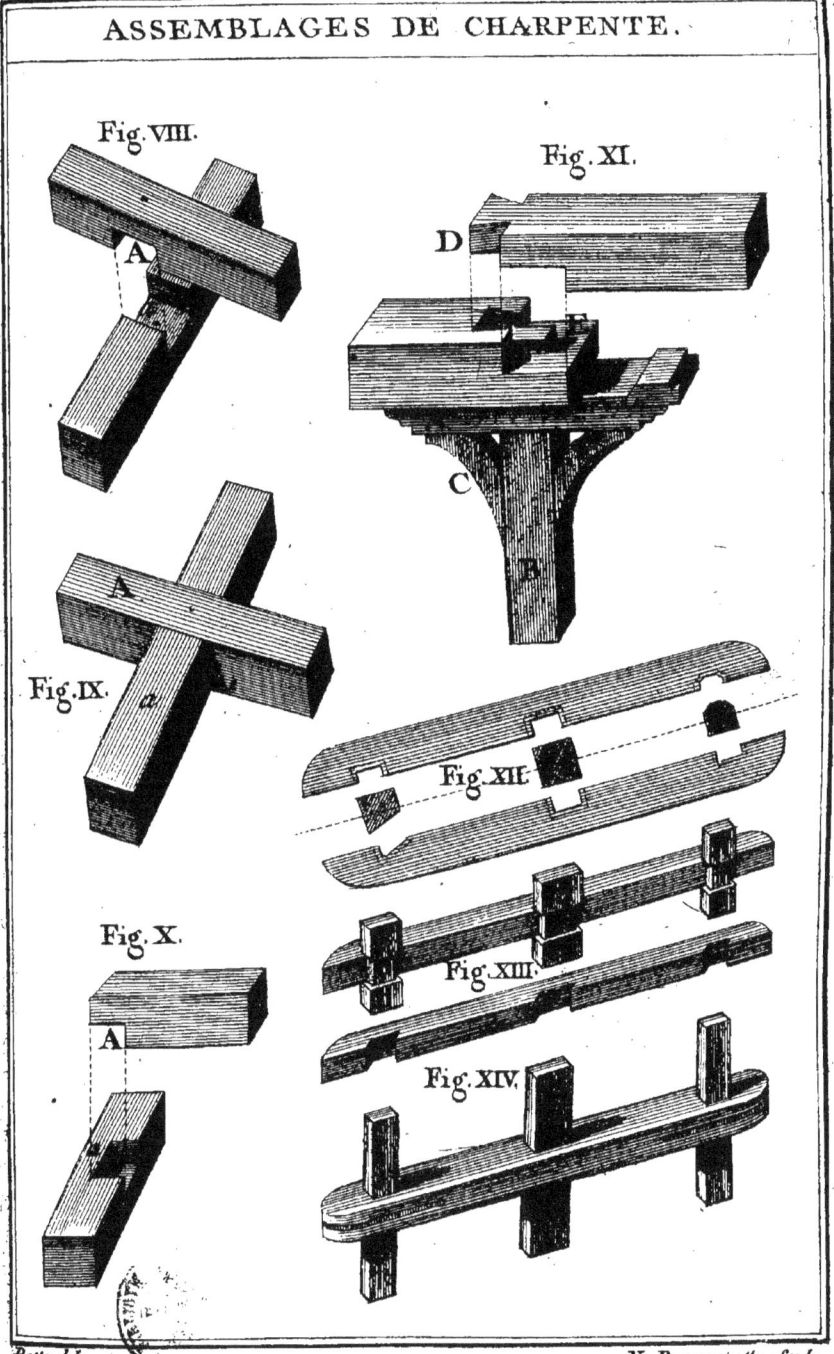

Patte del. N. Ransonnette Sculp.

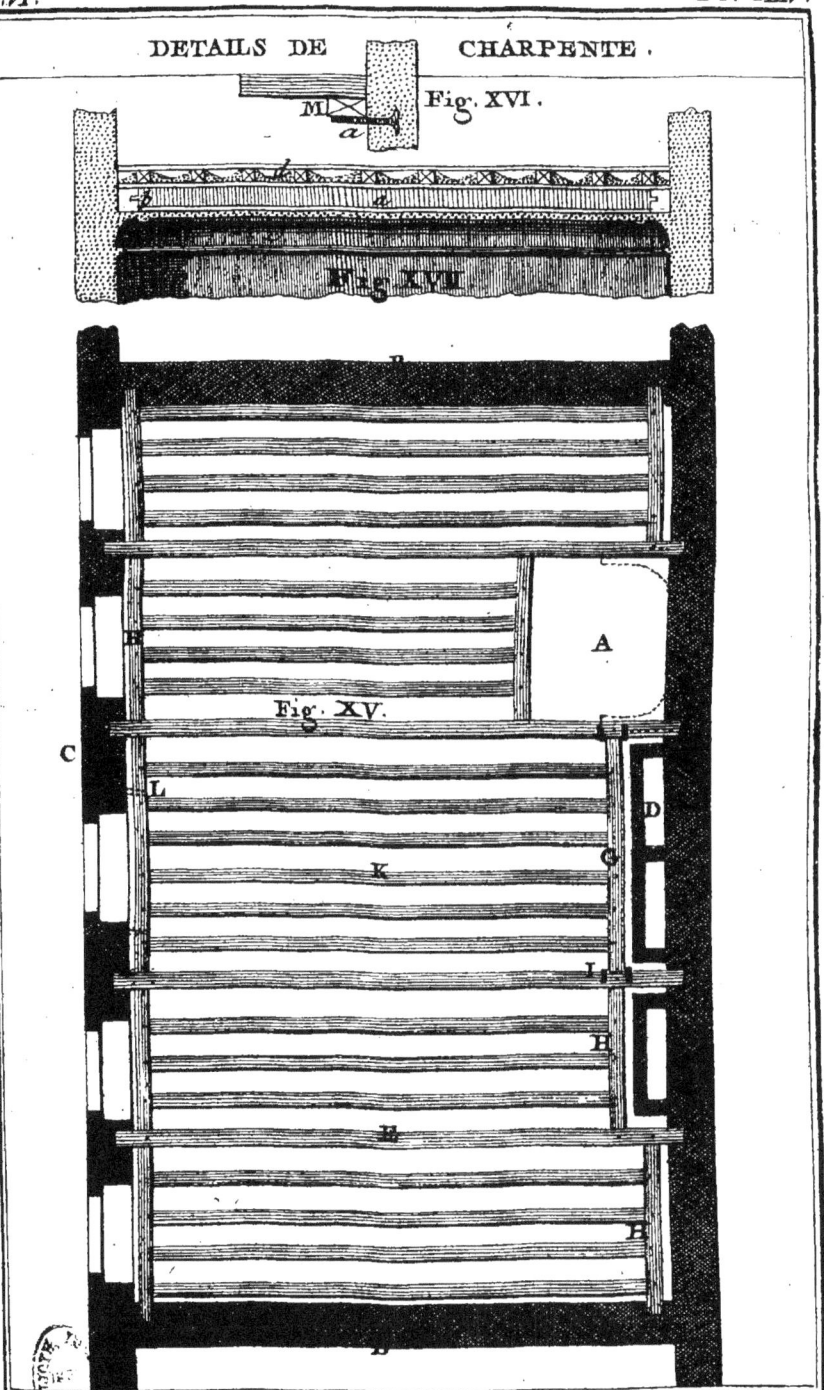

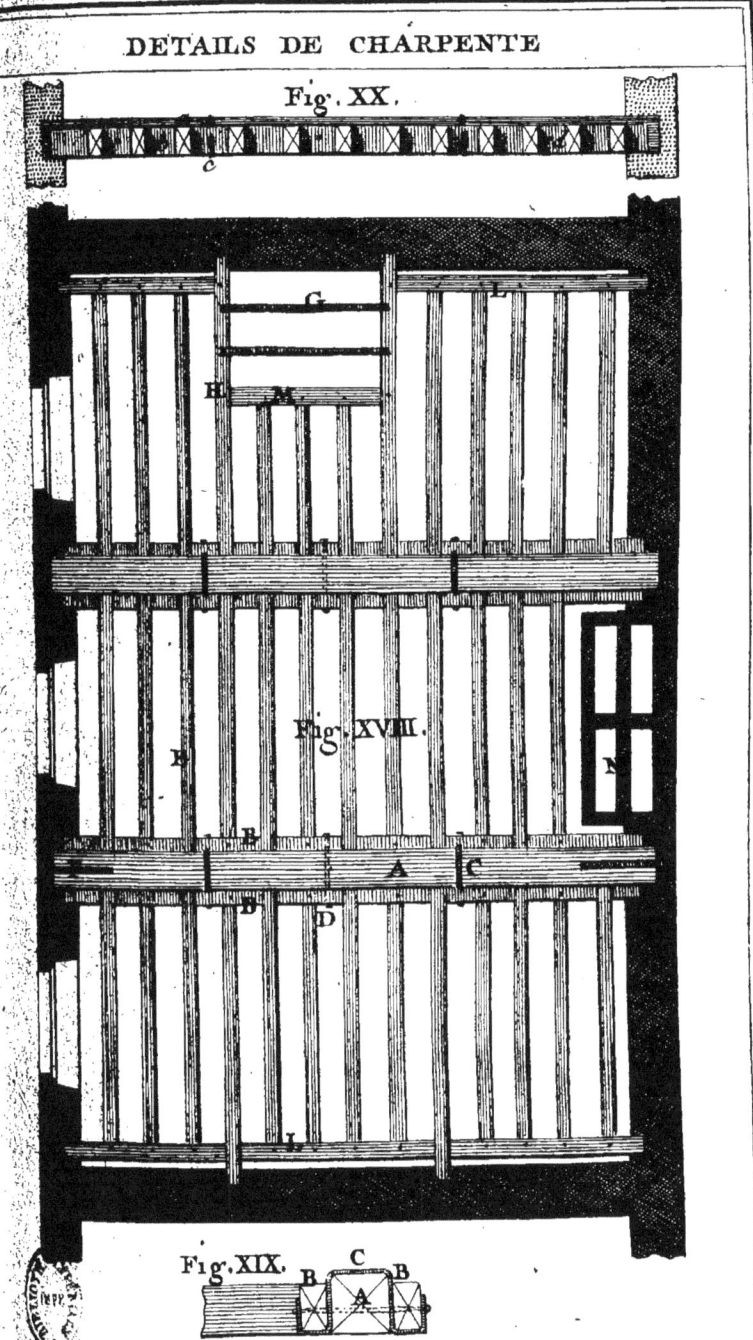

DETAILS DE CHARPENTE.

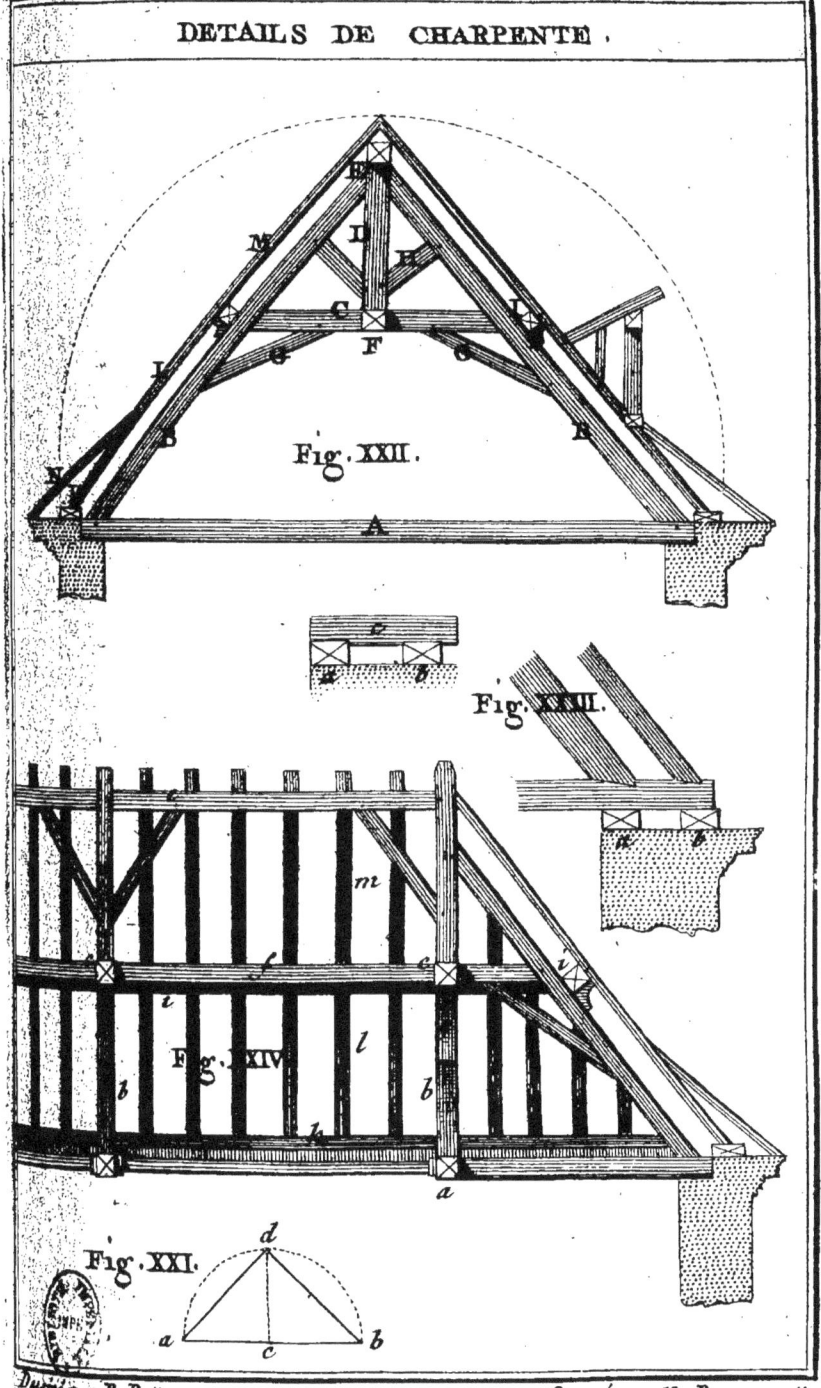

Dessiné par P. Patte. Gravé par N. Ransonnette.

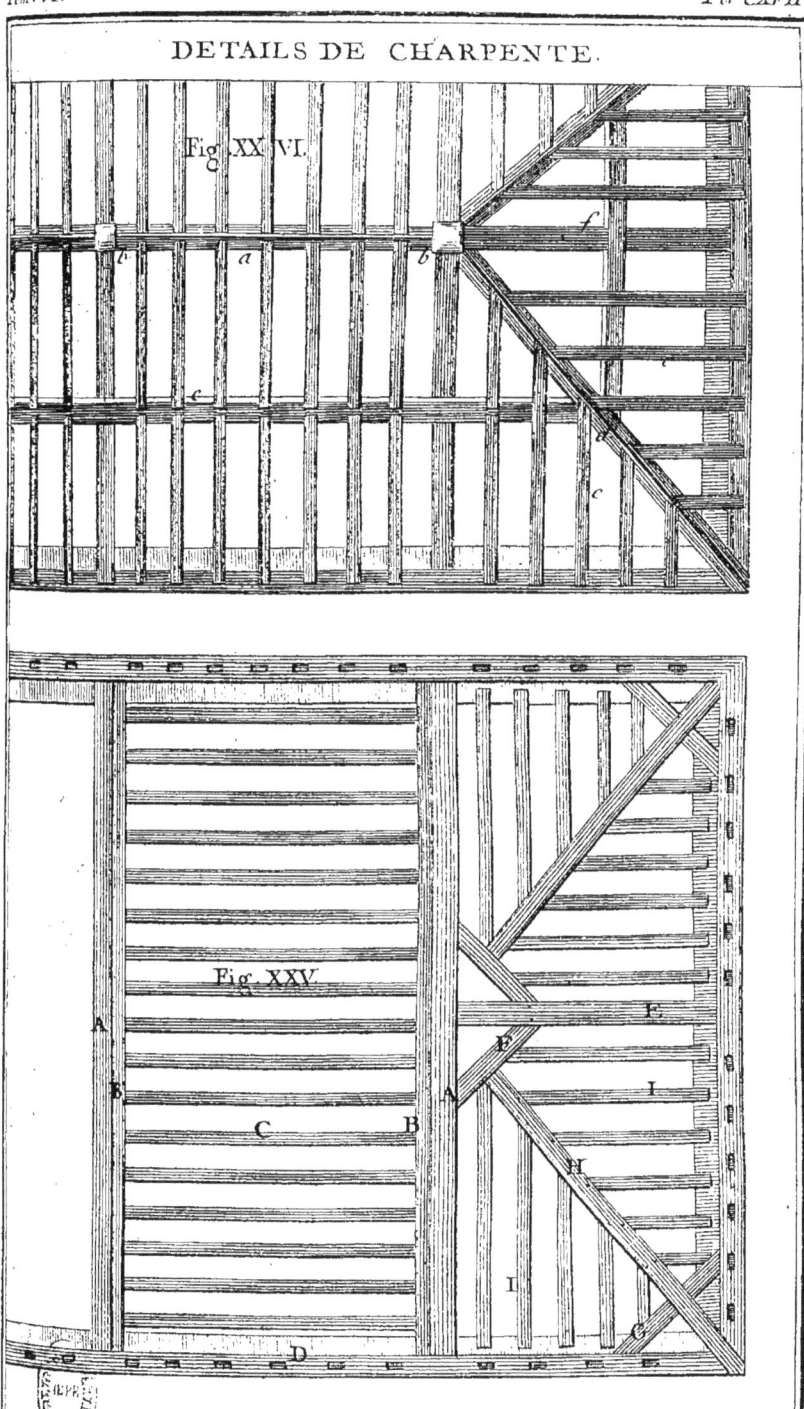

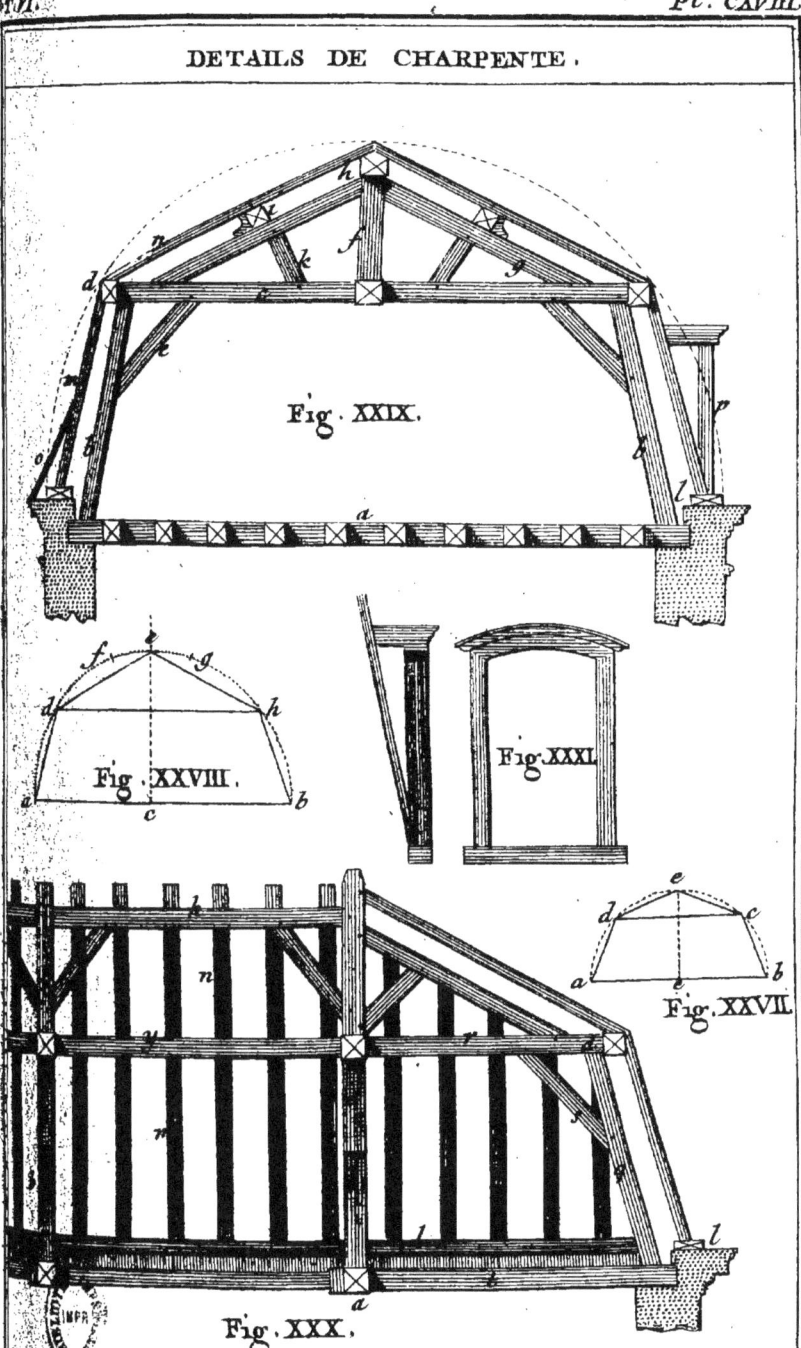

pl. CXVIII.

DETAILS DE CHARPENTE.

Fig. XXIX.

Fig. XXVIII.

Fig. XXXI.

Fig. XXVII.

Fig. XXX.

Dessiné par P. Patte. Gravé par N. Ransonnette.

NOUVEAU COMBLE EN MANSARDE. Pl. CXIX.

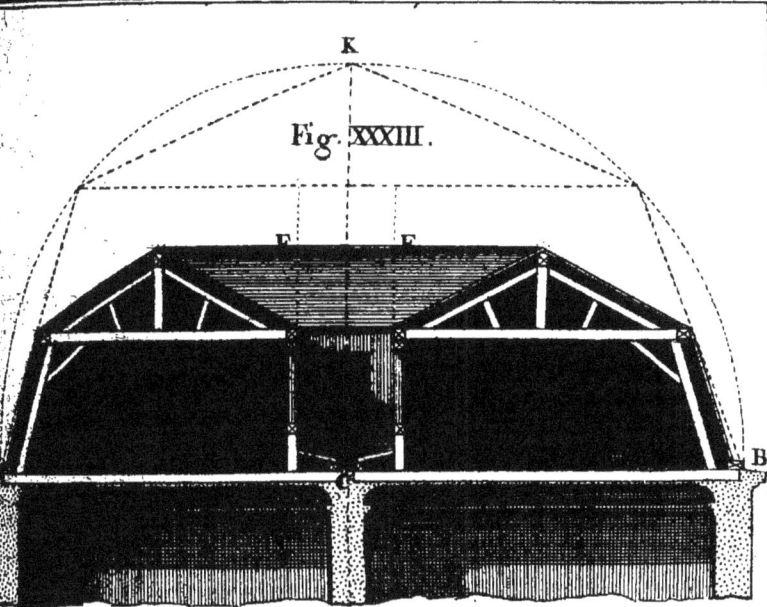

Fig. XXXIII.

Fig. XXXII.

de la Gardette Sculp.

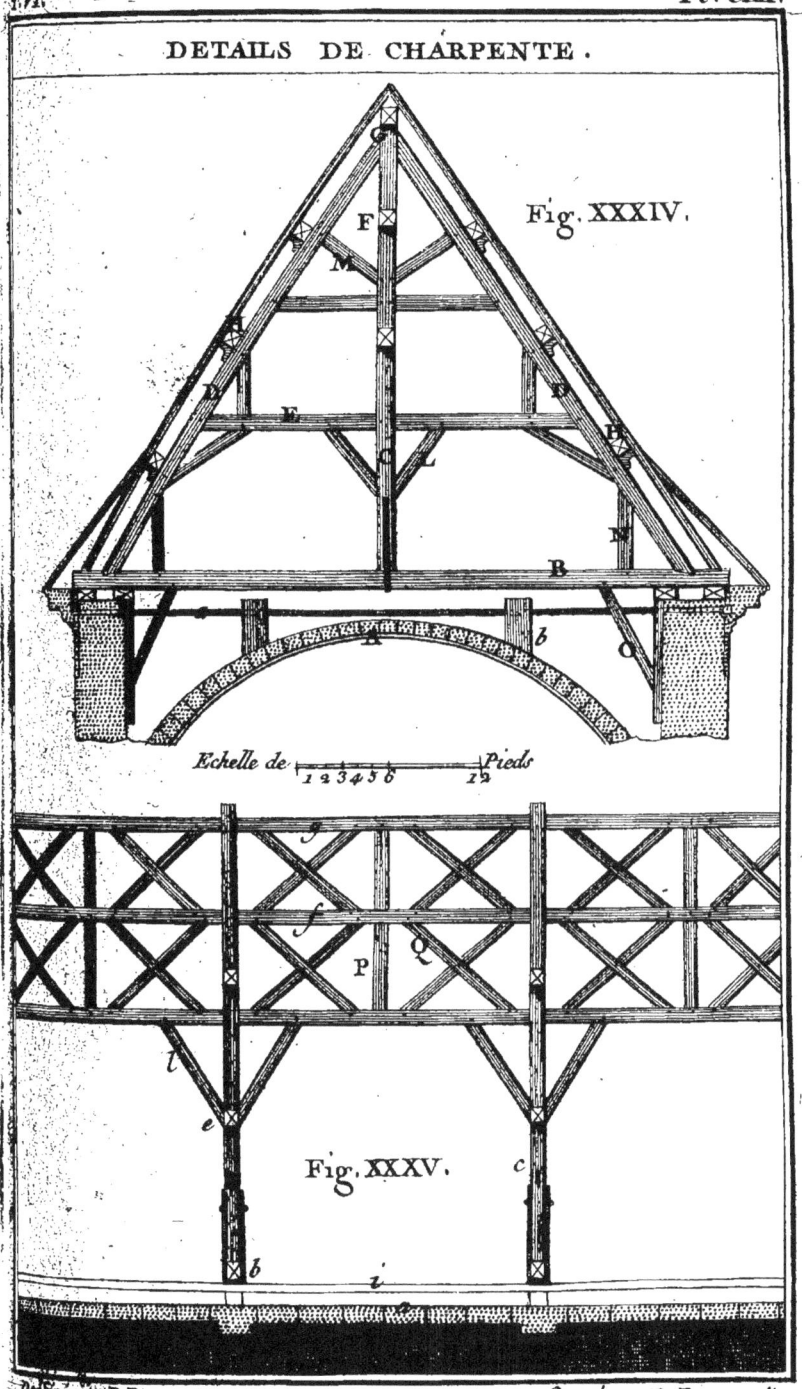

Tom. VI. DIFFERENTES FORMES DE CHARPENTE. Pl. CXXI.

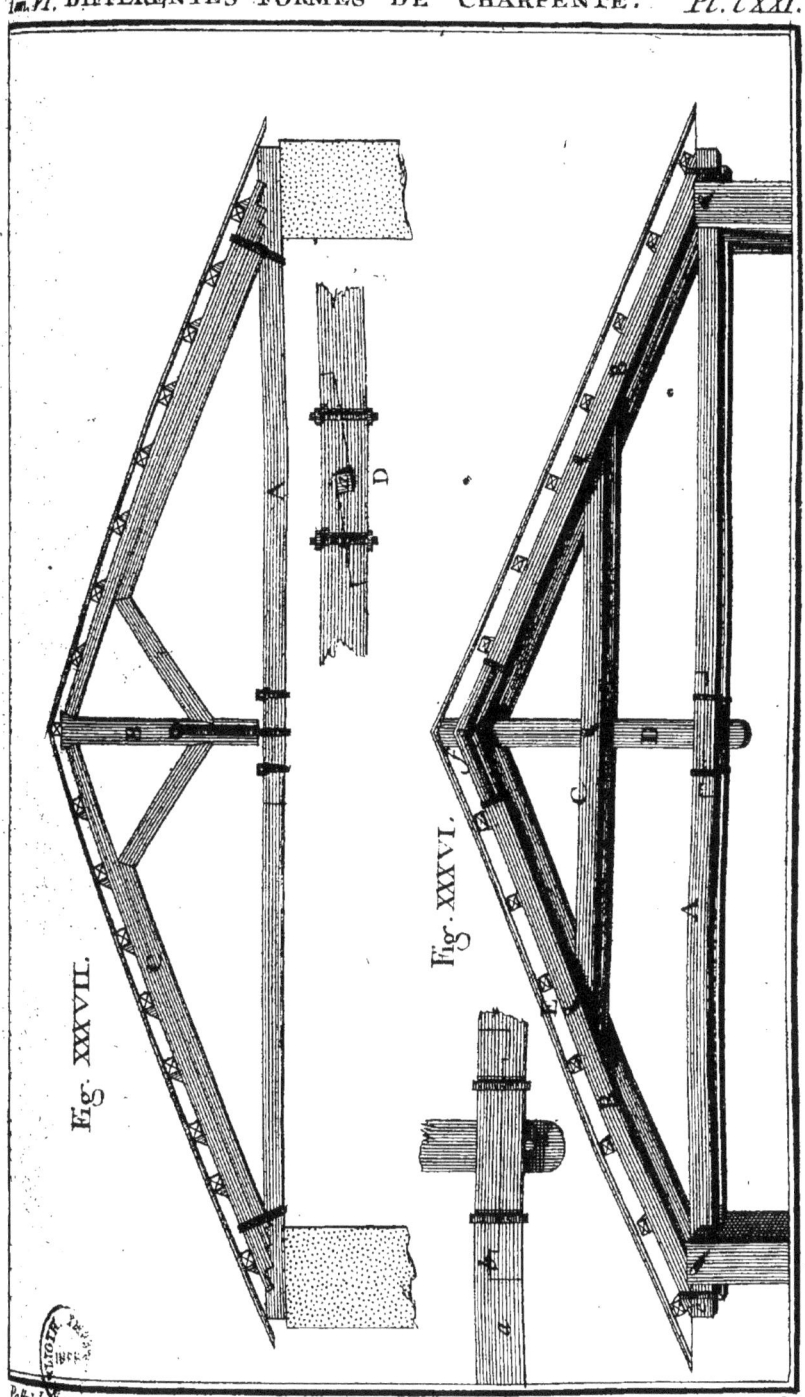

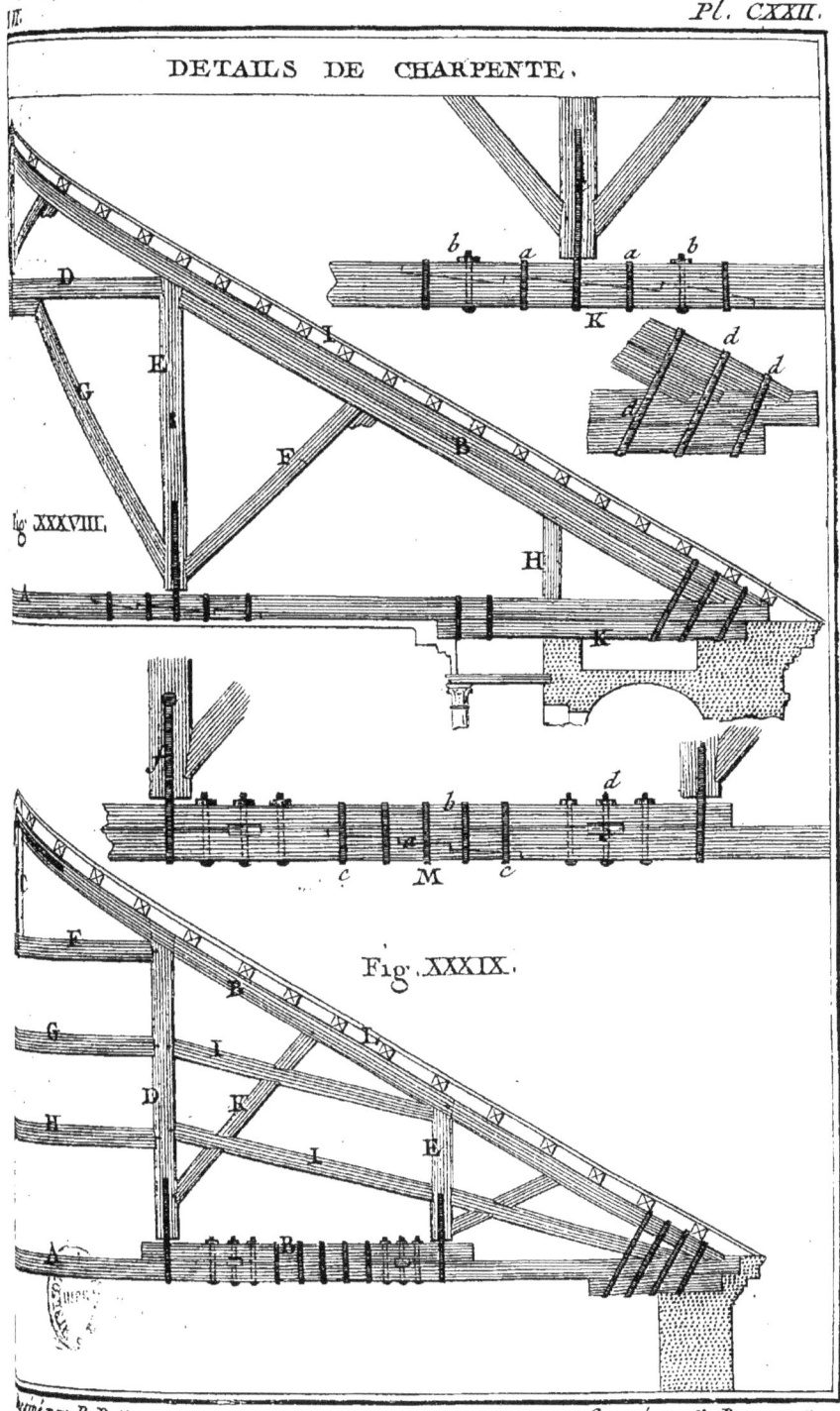

Pl. CXXII.

DETAILS DE CHARPENTE.

Fig. XXXVIII.

Fig. XXXIX.

Dessiné par P. Patte.   *Gravé par N. Ransonnette.*

CHARPENTE DU DÔME DU VAL-DE-GRACE.

DETAILS DE CHARPENTE.

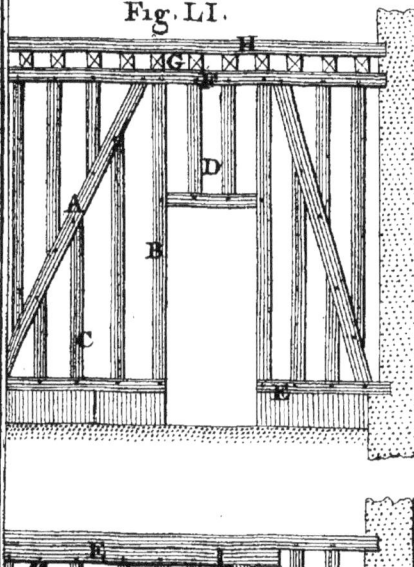

Fig. LI.

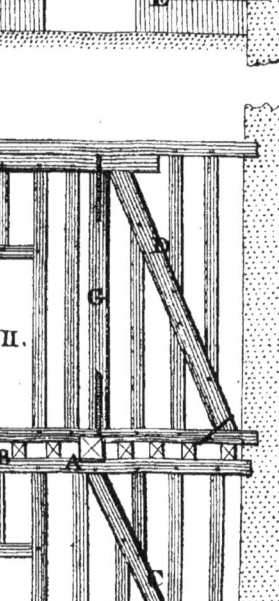

Fig. LII.

Fig. L.

Dessiné par P. Patte. Gravé par N. Ransonnette.

DÉTAILS DE LA CHARPENTE D'UN ESCALIER.

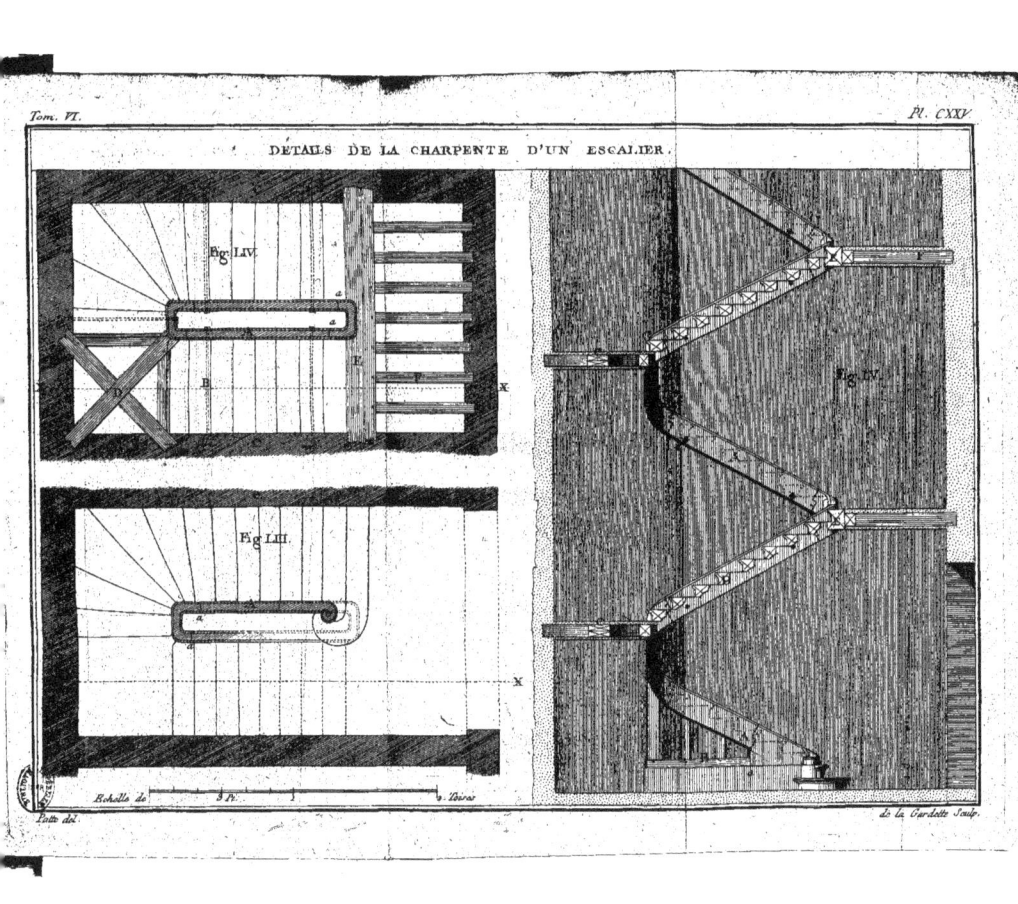

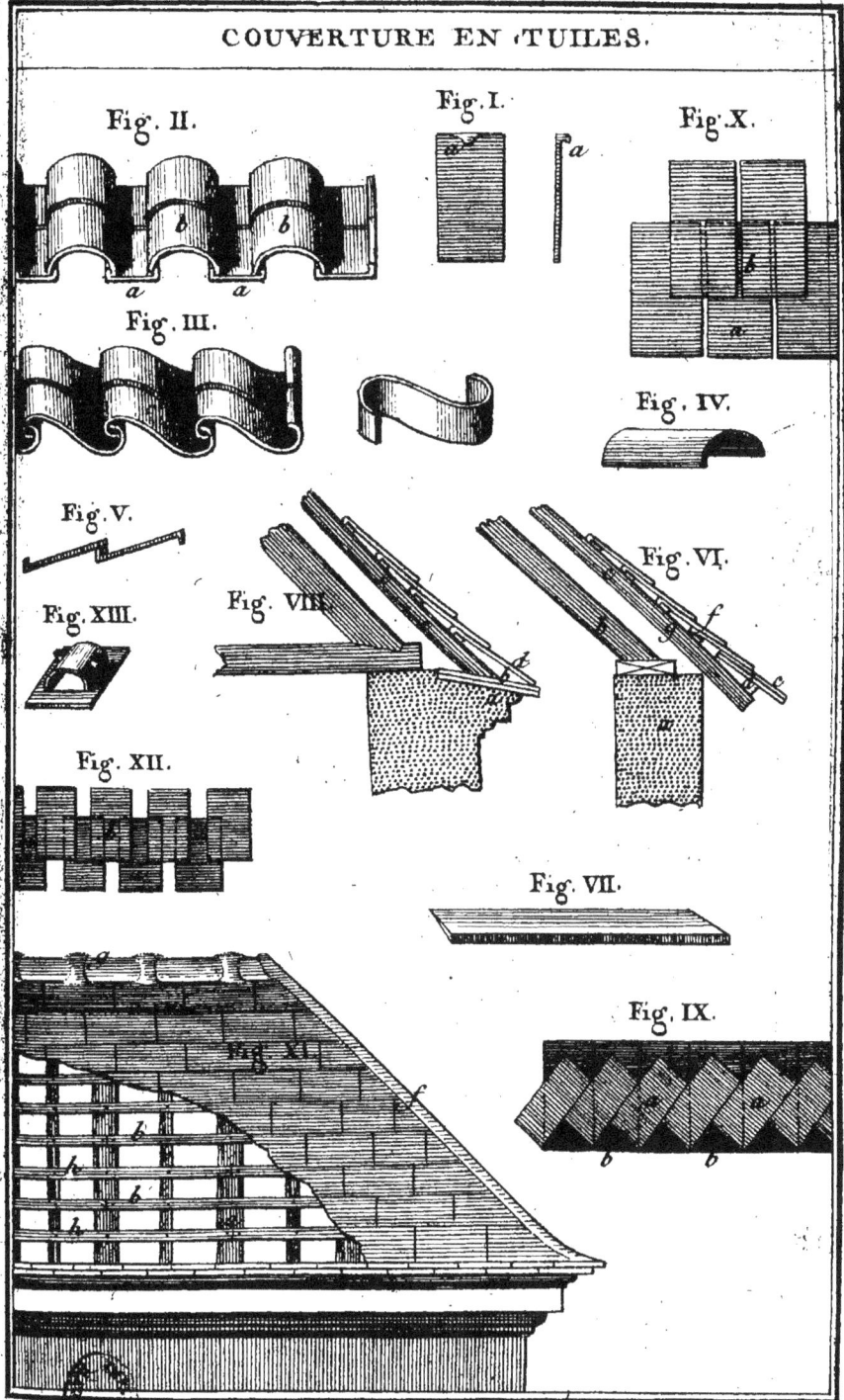

COUVERTURE EN ARDOISES.

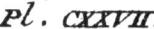

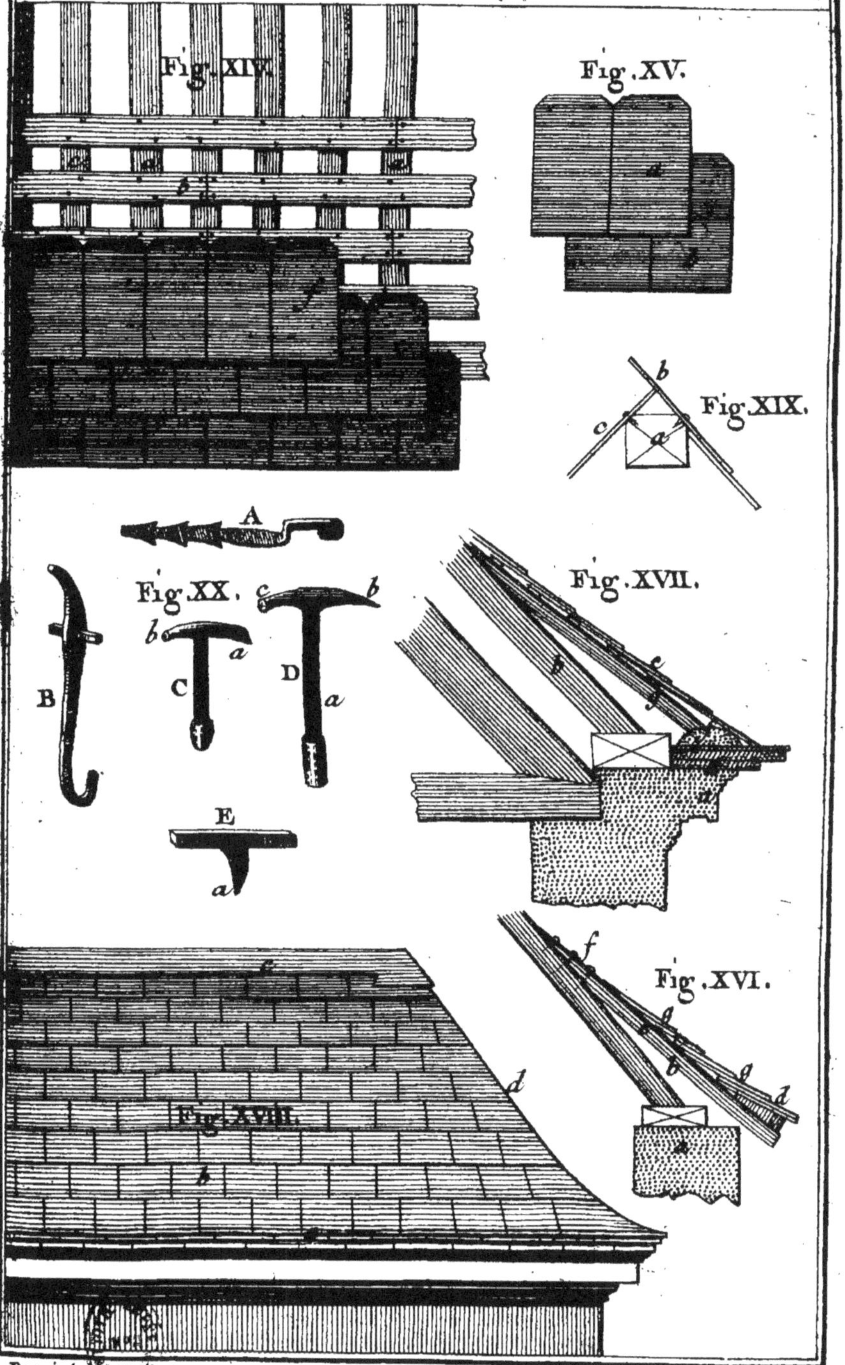

Dessiné par P. Patte.

Gravé par N. Ransonnette.

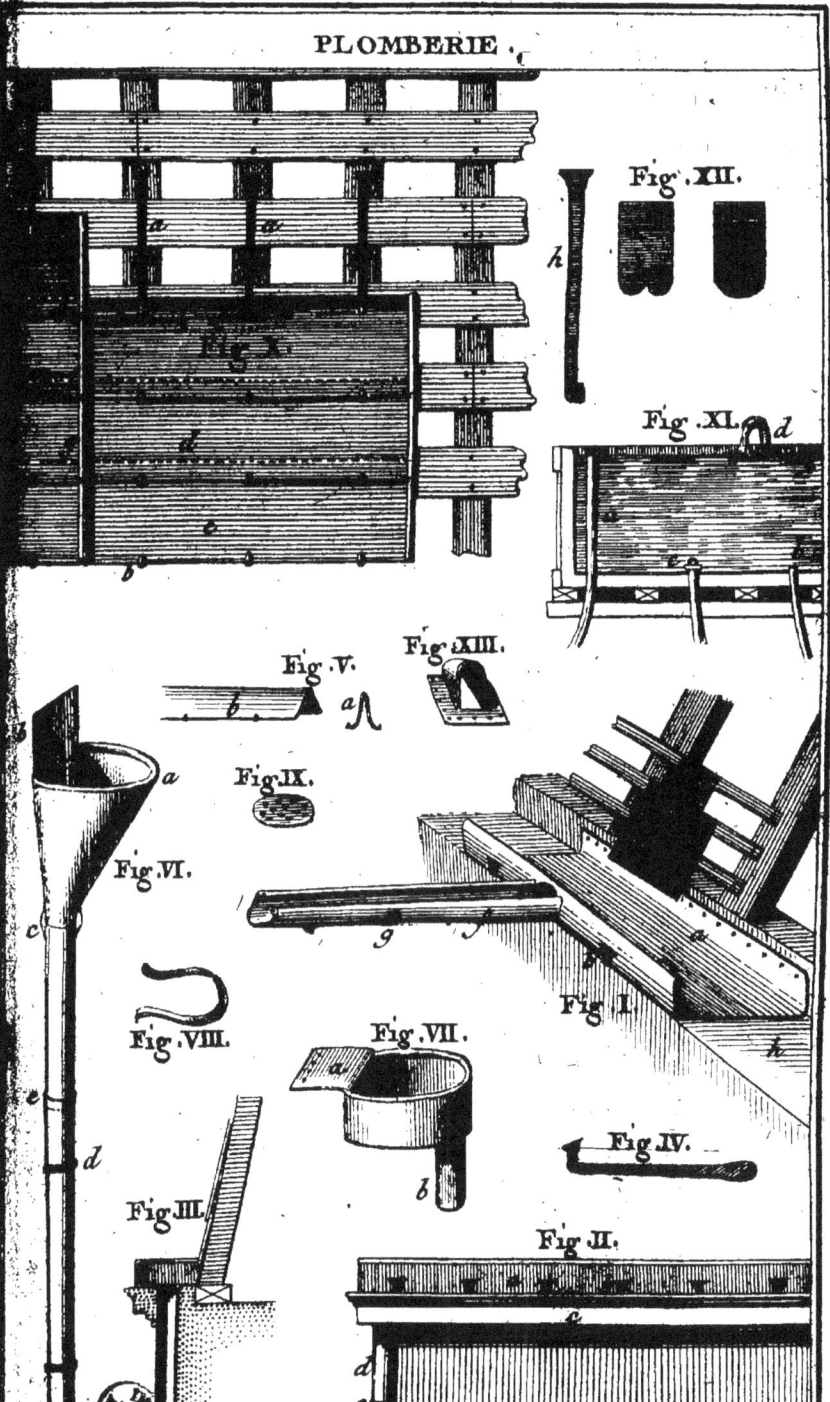

pl. CXXIX

ASSEMBLAGES DE MENUISERIE.

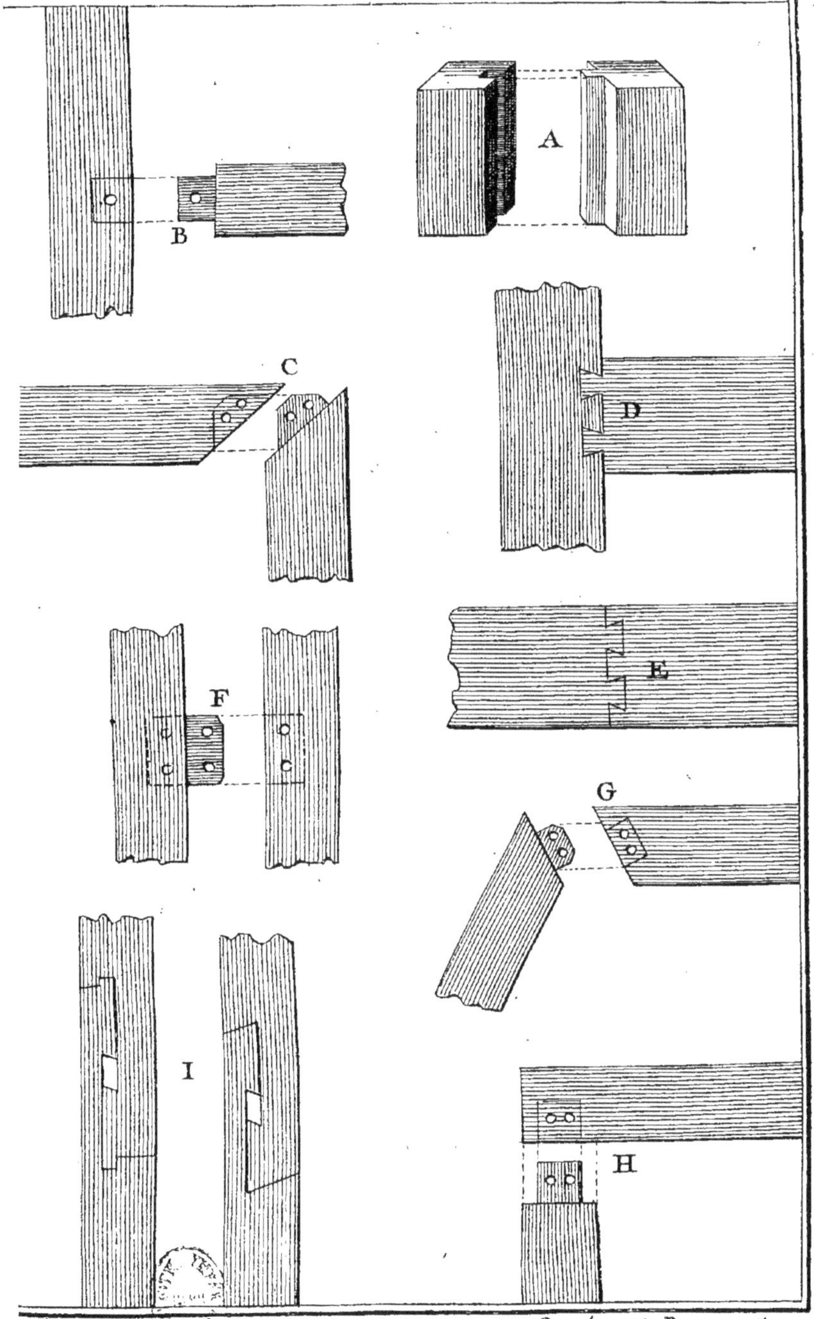

Dessiné par P. Patte.   Gravé par N. Ransonnette.

T. VI.   Pl. CXXXI.

DETAILS DE MENUISERIE.

Fig. XI.

Fig. X.

Fig. XII.

Dessiné par P. Patte.   Gravé par N. Ransonnette.

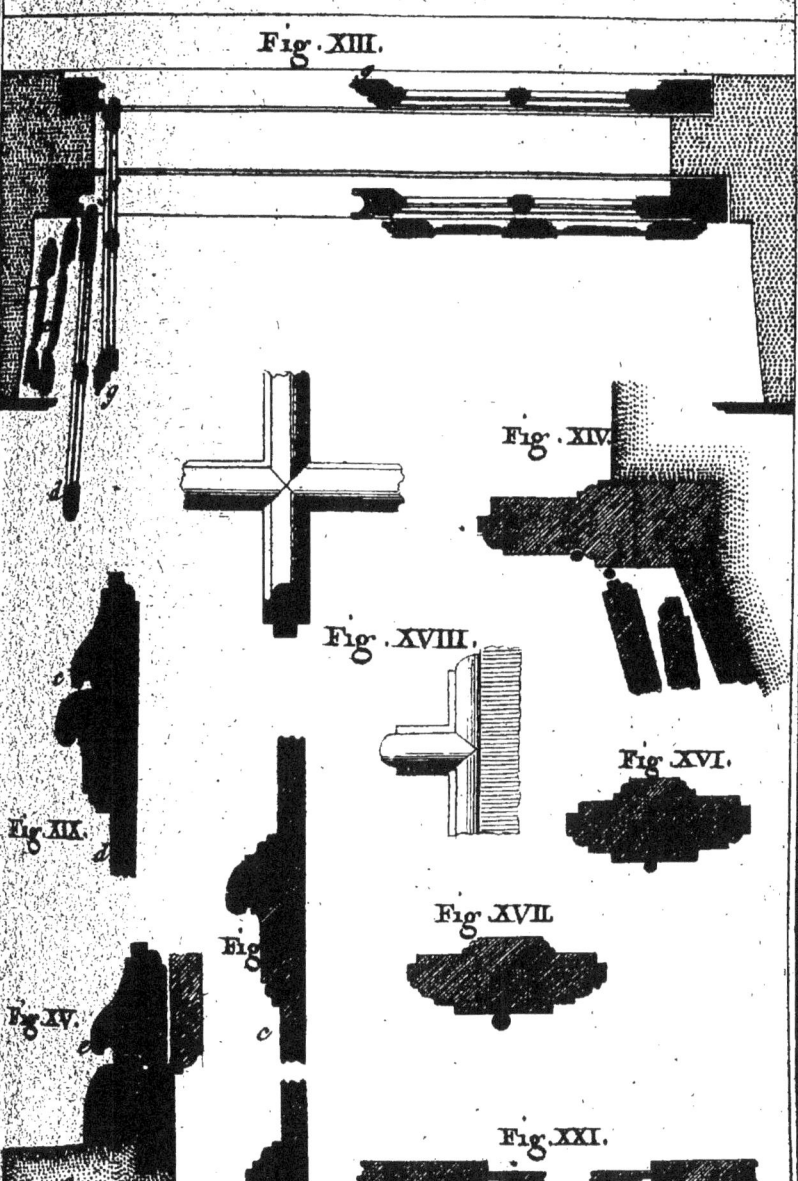

DETAILS DE MENUISERIE.

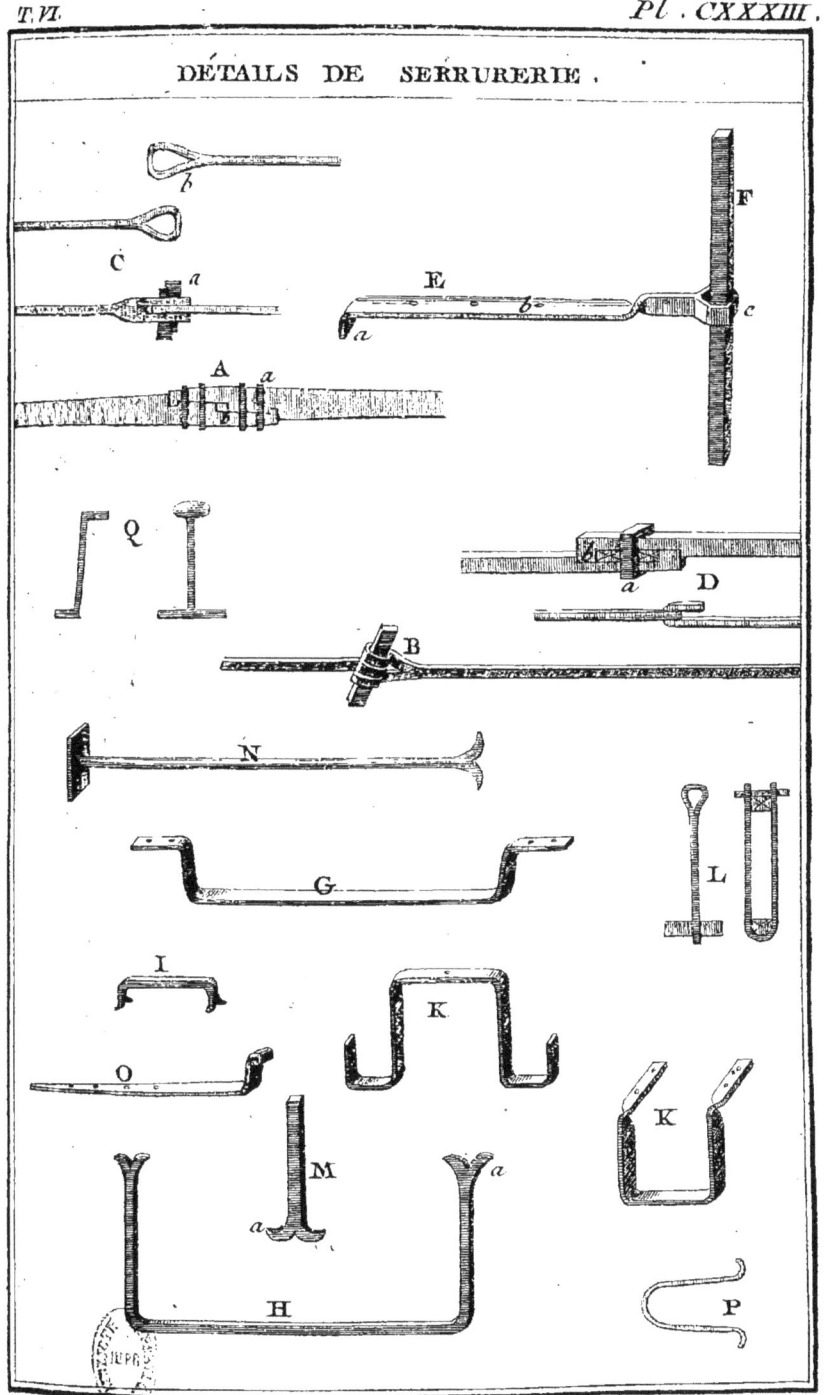

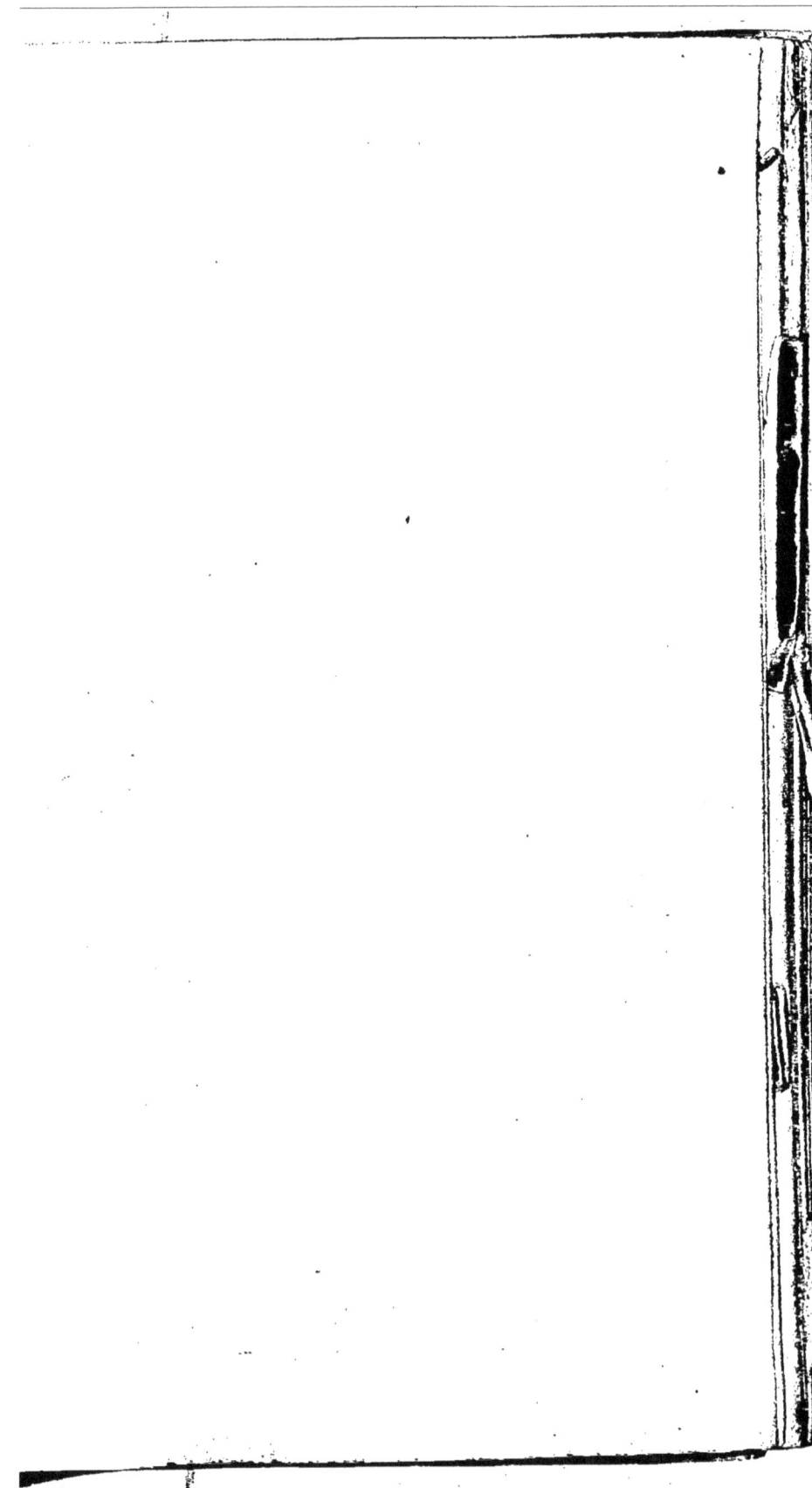

T. VI.   pl. CXXXIV.

DÉTAILS DE SERRURERIE.

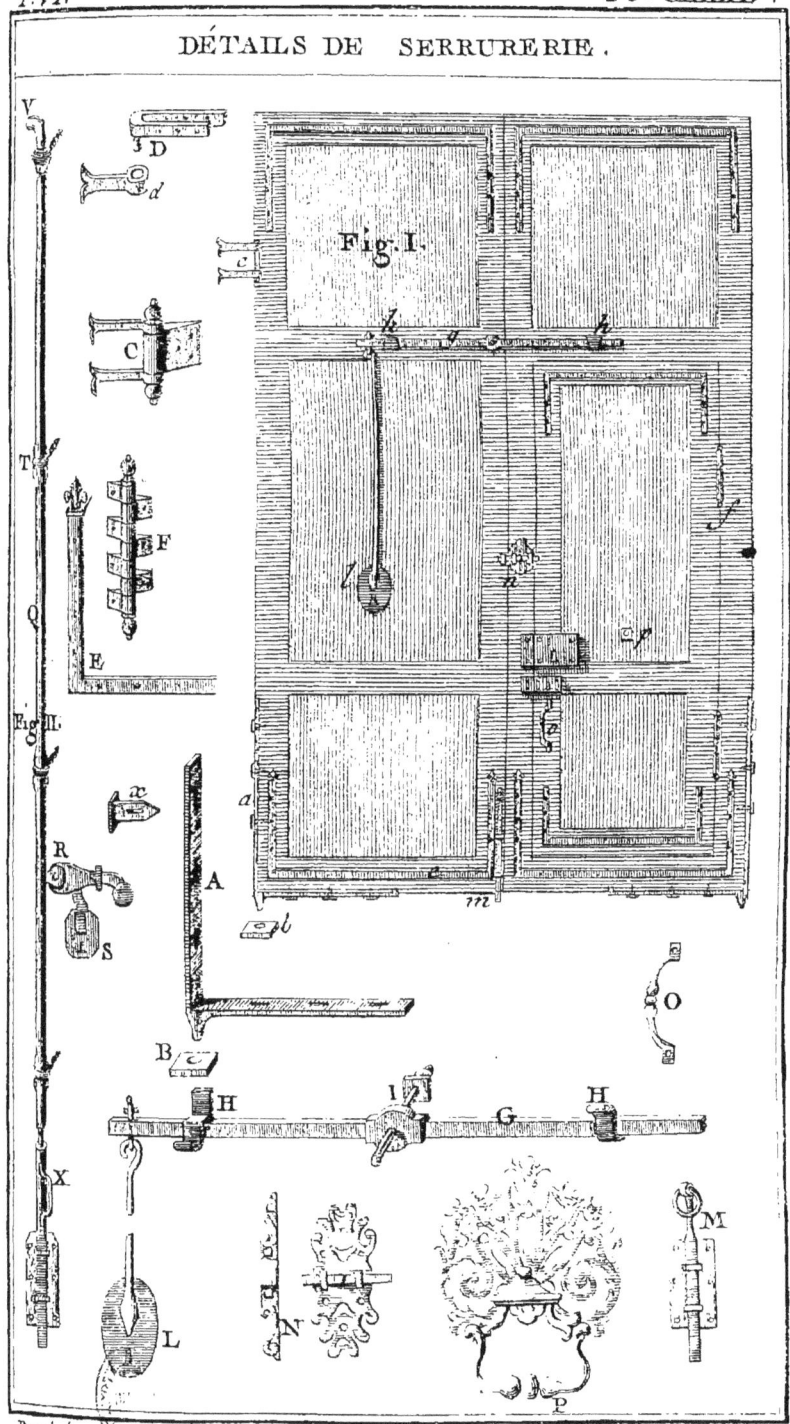

Dessiné par P. Patte.   Gravé par N. Ransonnette.

T. VI. *Pl. CXXXV.*

DÉTAILS DE SERRURERIE.

Dessiné par P. Patte. *Gravé par N. Ransonnette.*

T. VI.   Pl. CXXXVI. et Dernière

DÉTAILS DE SERRURERIE.

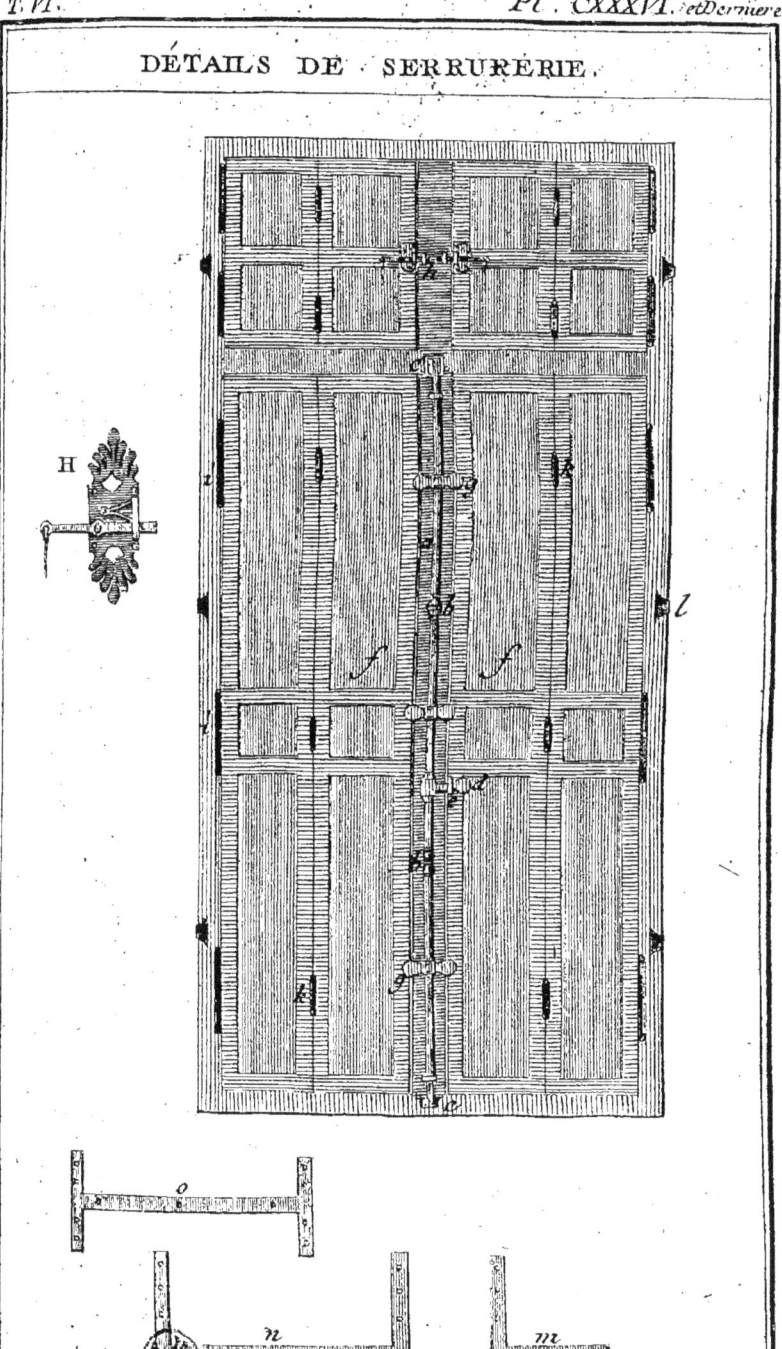

Dessiné par P. Patte.   Gravé par N. Ransonnette.

www.ingramcontent.com/pod-product-compliance
Lightning Source LLC
Chambersburg PA
CBHW070244100426
42743CB00011B/2123